紀州のドン・ファンは
死んだのか？
それとも殺されたのか？

～40年来の友人 沖見泰一氏が語る！

釣部 人裕 ◎著

万代宝書房

《目次》

第2章　それは素朴な疑問から始まった……39

第1章

犯人は妻なのか？

事件報道は、基本的人権を無視していけない！

1．元妻を殺人容疑で逮捕　田辺不審死事件

◆また、ワイドショーが騒ぎ出した！

２０２１年４月29日、各局、また、ネットで、元妻を殺人などの疑いで逮捕したとの報道が一斉に流れた。そして、案の定、すぐに騒ぎは始まった。

地元和歌山新報のネットの記事は、以下のリード文であった（２０２１年４月29日06時58分）

３年前、和歌山県田辺市の資産家で「紀州のドン・ファン」といわれた会社社長　野崎幸助さん（当時77歳）が急性覚せい剤中毒で死亡した事件で、県警は28日、元妻を殺人などの疑いで逮捕したと発表した。野崎さんは自分で覚せい剤を使用した痕跡がなかったことから、何者かが摂取させて殺害したとみて捜査していた。発生から3年、全国的に話題となった事件は、急転直下の逮捕劇となった。

報道によると、４月26日に逮捕状を請求し、28日午前5時14分、捜査員が品川区

の自宅で須藤容疑者を逮捕した。その後、身柄を和歌山県の田辺署に移送し、今後、本格的な取り調べにかかるという。

各紙が彼女を犯人視するような記事が、テレビのワイドショー、新聞雑誌、そしてSNS上で展開された。

◆いつもの事件報道と少し異なる点

ところが、いわゆる識者のコメントにいつものトーンとの違いを感じた。いくつかを紹介しよう。

4月28日放送のテレビ朝日系「羽鳥慎一モーニングショー」で、テレビ朝日のコメンテーター玉川徹氏は逮捕まで3年という時間がかかったことに、「やっぱりこれぐらい時間かかるっていうのはなかなか立証が難しいからなのかなと思ったんですよね」「直接証拠って難しいのかなとずっと思っていたんです、覚せい剤が死因だとすると。例えば容疑者が覚せい剤をどっかから入手したというようなら、渡した方の証言もなかなか取りにくいでしょうし。覚せい剤について勉強していたことがサイトを検索するものからたどれたとしても、それは、ただ勉強していただけですっていうことになっちゃったりして…。相当、傍証[1]で固めていって、須藤容疑者しかあり得ないっていうところに持っていこうと思っているんだろうけど、それって実は、裁判でどうなんでしょう」

とコメントした。

また、電話出演した大澤孝征弁護士は

「かなり難しいと思いますよ。傍証を積み重ねて、裁判員裁判でこの人以外にあり得ないという、心証を得られるかどうか、それだけの証拠を積み上げられるかが一番のポイントとなると思う」

とコメントした。

4月28日、TBS「ひるおび！」に出演した八代英輝弁護士は、和歌山県警が須藤早貴さんを逮捕したことについてこうコメントした。

1　傍証　間接的な証拠。自白などのように犯罪を直接証明する証拠ではないが、その周辺の状況などを明らかにし、これを固めることにより、間接的に犯罪の証明に役立つ証拠

「はじめに殺意に関係してくるところだと思うんですけど、覚せい剤を何ミリグラム飲ませれば確実に殺害できるというような定型がない。ですから、確実に殺すという意図が覚せい剤を投与するという行為から普通は伺われない。そこは難しいところだと思います」
となぜ、確実性のない覚せい剤が凶器として使われたのかを疑問に思うと口にした。さらに、一連の事件に関して、「警察官に残された期間は20日間通常はこういった案件、死体遺棄から入って行って、容疑者は必ずどこかで死体と物理的接触をするものですから、何か物証が出てくる。今回死体遺棄ではなく殺人本件からの立証となるので時間的制約が厳しい。それがどうなるかというところも注目ですね」と今後の行方の注目すべき点を解説した。

4月29日読売テレビ系「情報ライブ　ミヤネ屋」に出演した弁護士の橋下徹氏は「この事件の立証をめぐっては公判で相当し烈な戦いになる」、「覚せい剤は自分で使うためだった、とする可能性は排除できるのか。離婚を持ち出されたのが動機としていたが、だったら殺人じゃなく財産分与の方が安全でしょ、というストーリーもある。覚せい剤の密売人が言うことなんかもどこまで信用できるのか」と話した。

同じく、4月29日、『キャスト』（朝日放送）に出演したジャーナリストの大谷昭宏氏も、「仮に売人をつかまえ、覚せい剤のブツを押さえたとする。そしてブツと野崎さんの体内から出てきた覚せい剤の不純物が一緒かどうかを調べる。変な話『私たち夫婦生活の中で覚せい剤を使ってました』と言い逃れられたらどうしようもない。果たしてこれで本当に立件する気だったのか？」と発言した。

今回、全員に共通する点は、「容疑者＝犯人」視することに慎重である点と、警察が立証できるのか、公判を維持して有罪に持って行くことは難しいのではないかとコメントしている点である。

容疑者を裁くような、または、一方的に犯人視するコメントではなく、「警察さん、逮捕しちゃって大丈夫ですか？」「検察さん、起訴したら、公判維持して有罪にできますか？」というニュアンスなのである。

◆死亡当時、逮捕時の報道

ここで、当時の新聞報道をみてみよう。

写真のない、いわゆるベタ記事で大きな記事ではない。

これらを読むと、事故じゃないんだ、誰が犯人なんだろう？家政婦かな？奥さんかな？などと一般の読者は想像を膨らませるのではないだろうか

資産家変死　遺体から覚醒剤

和歌山県警　死亡との関連調べる

和歌山県田辺市の会社経営の男性(77)が24日に自宅で死亡し、遺体から覚醒剤成分が検出されたことが捜査関係者への取材でわかった。県警が死亡にいたった経緯について調べている。

男性は、24日夜に自宅で倒れ、死亡が確認された。目立った外傷はなかった。県警が司法解剖したところ、死因は不明だが、体内から多量の覚醒剤成分が検出された。県警は自宅や会社を調べ、家族にも事情を聴くなどして、覚醒剤の多量摂取と死亡との関連について捜査している。

男性は市内で酒類販売や不動産業などを営み、資産家として知られている。２０１６年には、多くの女性との交際をつづった本を出版し、週刊誌などにも登場していた。

2018年5月31日
朝日新聞

資産家 遺体から覚醒剤

和歌山 殺人容疑で捜索

和歌山県田辺市の会社経営者の男性が5月24日、自宅で死亡し、県警が自宅や関係先を殺人容疑で捜索していたことがわかった。遺体から覚醒剤の成分が検出されたが、男性が普段から覚醒剤を使用していた形跡は見つかっておらず、県警は死亡前の状況を詳しく調べている。

捜査関係者によると、野崎幸助さん(77)で、24日夜、家族が自宅で倒れているのを通報した。遺体に目立った外傷はなかったが、解剖の結果、覚醒剤が検出された。

野崎さんは資産家として知られ、多数の女性との交際についてつづった著書を2016年に出版。「紀州のドン・ファン」などと呼ばれ、テレビ番組などでも取り上げられていた。

2018年6月4日
読売新聞

2018 年 5 月 31 日
毎日新聞

資産家遺体から覚醒剤

和歌山県警捜査「紀州のドンファン」

和歌山県田辺市の金融・不動産関連会社社長、野崎幸助さん(77)が24日、自宅で死亡し、遺体から多量の覚醒剤成分が検出されたことが、捜査関係者への取材で分かった。何者かが故意に摂取させた可能性もあるとみて県警が調べている。野崎さんは資産家として知られていた。

捜査関係者によると、野崎さんは24日夜に同市朝日ケ丘の自宅で倒れ、その後死亡が確認された。目立った外傷はなかったが、県警が司法解剖を実施したところ、体内から覚醒剤成分が検出された。致死量を上回っていた可能性があるという。

県警は30日までに、野崎さん宅の現場検証や家宅捜索を複数回にわたって実施した。覚醒剤の多量摂取と死亡との関連を調べており、周辺の関係者から事情を聴いている。

野崎さんは酒類販売業や金融業などを営み、高額納税者として度々公表されるなど、資産家として知られていた。2016年に出版した著書では多くの女性と交際した半生などを書いて週刊誌やテレビで取り上げられ、欧州の伝説上の放蕩児《ほうとうじ》になぞらえて「紀州のドンファン」とも呼ばれた。【黒川晋史、砂押健太、後藤奈緒】

次に逮捕当時の報道をみてみよう。

2021年4月28日
東京新聞

元妻を殺人容疑で逮捕

「紀州のドン・ファン」不審死

和歌山　覚醒剤摂取させ

和歌山県田辺市の資産家で「紀州のドン・ファン」と呼ばれた酒類販売会社の元社長、野崎幸助さん＝当時(77)＝に二〇一八年、多量の覚醒剤を摂取させて殺害したとして、県警は二十八日、殺人と覚醒剤取締法違反の疑いで、妻だった須藤早貴容疑者(25)を逮捕した。捜査関係者が明らかにした。

自身の女性関係や半生を書いた本を出版し、欧州の伝説のプレーボーイになぞらえられた野崎さんの不審死から約三年。県警は、年が五十歳以上離れ、死亡の約三カ月前に結婚したばかりだった須藤容疑者が財産目当てに殺害したとみて捜査を続けていた。

県警は、二十八日朝に東京都内の自宅で逮捕し、空路で和歌山県に移送。同日午後に田辺署に入った。県警は同日午前、田辺署で記者会見する。

野崎さんは一八年五月二十四日、田辺市の自宅で死亡し、体内から多量の覚醒剤成分が検出された。捜査関係者によると、須藤容疑者は野崎さんを急性覚醒剤中毒に陥らせ、殺害した疑いが持たれている。

捜査関係者によると、須藤容疑者は事件前にインターネットで覚醒剤について調べていた。

須藤容疑者　家族に結婚伝えず

頻繁に海外旅行投稿◆高級服自慢

品川に居住　住民ら驚き

野崎さん　金融や酒類販売　一代で財

女性とトラブルも

2021年4月28日毎日新聞

資産家殺害容疑 元妻逮捕

和歌山県警「紀州のドン・ファン」

須藤早貴容疑者＝知人提供

和歌山県田辺市で2018年、「紀州のドン・ファン」と呼ばれた会社社長、野崎幸助さん（当時77歳）に多量の覚醒剤を飲ませて殺害したとして、県警は28日、元妻の須藤早貴容疑者(25)＝東京都品川区北品川5＝を殺人と覚醒剤取締法違反（使用）の疑いで逮捕した。

（7面に関連記事）

逮捕容疑は18年5月24日、田辺市の野崎さん宅で、何らかの方法により致死量の覚醒剤を口から摂取させ、急性覚醒剤中毒で死亡させたとしている。県警は須藤容疑者の認否を明らかにしていない。

県警は28日早朝、東京都内の自宅で須藤容疑者を逮捕し、和歌山県警田辺署に移送。その後、同署で記者会見を開き、保田彰捜査1課長は殺害の動機について「現時点では確定的なことは申し上げられない」と話した。

県警によると、野崎さんは事件当日の午後10時半ごろ、自宅2階の寝室で倒れているのを、当時妻だった須藤容疑者らが発見し、119番した。

野崎幸助さん＝知人提供

解剖の結果、血液や胃などから多量の覚醒剤成分が検出されたが、野崎さんは覚醒剤を常用していた痕跡がなかった。死亡推定時刻は午後9時ごろで、防犯カメラの映像では当日夕方以降、家の外から侵入した形跡はなかった。県警は何者かが意図的に覚醒剤を摂取させて殺害したとみて捜査を進めていた。

野崎さんは資産家として知られていた。16年には多くの女性と交際した半生をつづった自伝を出版。欧州の伝説上のプレーボーイになぞらえて「紀州のドン・ファン」と呼ばれ、週刊誌やテレビの情報番組で話題となっていた。【山口智】

2021年4月28日朝日新聞

「紀州のドン・ファン」元妻逮捕

資産家変死事件　覚醒剤で殺害の疑い

㊤マンションを出る須藤早貴容疑者＝28日午前5時37分、東京都品川区、諫山卓弥撮影㊦野崎幸助さん（右）と須藤早貴容疑者

多くの女性との交際遍歴から「紀州のドン・ファン」と呼ばれ、2018年5月に急性覚醒剤中毒で死亡した和歌山県田辺市の会社社長、野崎幸助さん（当時77）を殺害したとして、県警は28日、元妻の須藤早貴容疑者(25)＝東京都品川区＝を殺人と覚醒剤取締法違反（使用）の容疑で逮捕した。

県警によると、須藤容疑者は18年5月24日、野崎さん宅で何らかの方法で口から覚醒剤を摂取させ、野崎さんを急性覚醒剤中毒で死亡させた疑いがある。

県警は須藤容疑者の認否を明らかにしていないが、捜査関係者によると、任意の聴取に対しては関与を否定していたという。

県警は、須藤容疑者が覚醒剤を入手しており、同日の夕食時に野崎さんと2人きりだった時間帯があることを確認したとしている。野崎さんが自ら服用した形跡や理由も見当たらず、注射痕もなかったという。致死量を超える覚醒剤を口から摂取したとみられることから、県警は須藤容疑者の殺意が問えると判断したとしている。

県警は28日早朝、東京都品川区の自宅にいた須藤容疑者を逮捕し、同日午前、県警田辺署に移送した。

徳田太志・県警刑事部長らは午前11時から田辺署で記者会見を開いた。須藤容疑者の認否については「回答を差し控える」とし、動機についても「現時点で確定的なことはいえない」と答えるにとどまった。

野崎さんは18年5月24日夜、自宅2階でぐったりしているのを須藤容疑者が見つけ、手伝いの女性が心臓マッサージをしたが、その後死亡が確認された。

県警が遺体を解剖したところ、血液や胃の内容物などから致死量を超える覚醒剤成分が検出され、死因は急性覚醒剤中毒と判明した。

任意聴取では関与否定

不審死から約3年。和歌山県警は時間をかけて捜査を進めてきた。

死亡した野崎さんと札幌市出身の須藤容疑者は18年2月に結婚した。年齢差は55歳。野崎さんは3度目の結婚だった。県警によると、須藤容疑者は昨年2月に須藤姓に戻したという。

野崎さんが18年4月に出した自伝では、須藤容疑者との出会いについて、「羽田空港で転んだ私を優しく助けてくれた」とし、「ファッションモデルとして海外も飛び回っている」と記した。

野崎さんと50年来の付き合いという女性(69)は、須藤容疑者の逮捕について「今朝ニュースを見て知った。驚いた」と話す一方、「早貴ちゃんも社長のことあまり好きじゃなかったからね」と漏らした。女性が須藤容疑者に初めて会った時に「野崎さんが死んだら私にお金って入るのか」と聞いてきたという。

野崎さんも女性に「早貴が相手にしてくれない」と相談していたという。

野崎さんの遺体から、致死量を超える覚醒剤成分が検出された。県警は18年6月、容疑者不詳のまま、殺人容疑で野崎さん宅や東京都内の須藤容疑者の別宅などを捜索した。

捜査関係者によると、野崎さんの腕に注射痕はなく、覚醒剤は口から摂取した可能性が高い。県警は摂取したとみられる時間帯に野崎さんのそばにいたのが須藤容疑者しかいなかったとみて、詰めの捜査を進めていた。任意の事情聴取に対し、須藤容疑者は関与を否定していたという。

県警の捜査員は28日早朝、須藤容疑者が暮らす東京都品川区の高層マンションを訪れた。午前5時35分ごろ、須藤容疑者を乗せた捜査車両がマンションを出発した。須藤容疑者は3列シートの最後列に座り、終始うつむいていた。

その後、羽田発の航空機で同8時45分ごろ、和歌山県の南紀白浜空港に到着。ワゴン車で県警田辺署に向かった。

◇

田辺市によると、野崎さんの遺産は預貯金、有価証券などで約13億円。このほか評価額未定の土地、建物、絵画などがある。死後、全財産を市に寄付するとした「遺言書」の存在が明らかになり、市は受け取り手続きを進めた。だが、一部の親族らは遺言書は無効として、遺言執行者の弁護士を相手取り和歌山地裁に提訴している。

◆「容疑者＝犯人」ではない

これまでの、死刑冤罪事件4件[2]に関する冤罪の研究で明らかになっているのは、弁護人の立ち合いなしの連日長時間にわたる厳しい取り調べ、任意同行・別件逮捕の多用、自白の任意性に関する疑い、証拠物の保管に関する疑問点、被告人に有利な証拠の不開示等、様々な問題点が再審の段階で浮き彫りになったことである。

しかし、マスコミは都合のいいように脚色した報道をする。取材では、夜に電話をかけてくることもある。また、家族のところに刑事とともに報道陣は押し掛ける。SNSでは、本人の身辺情報や家族探しが始まり、ネット上で晒される。

紀州ドン・ファン事件は、事件当初より、30年仕えた家政婦さんと早貴さんを実名で、犯人視する報道も多かった。

早貴さんと共に第一発見者となった家政婦の竹田純代さん（当時67歳）は、「事

2　死刑冤罪事件4件
免田事件（昭和23年）、財田川事件（昭和25年）、島田事件（昭和29年）、松山事件（昭和30年）

件直後は、まるで私が犯人であるかのような報道をされましたので、自宅だけでなく、和歌山の実家にもマスコミが押し寄せました」と話す。

30年間、1日1万円の日当で、月に10日東京から和歌山に通い、家の掃除と食事を用意し、病気になってからは、下のお世話もしていた。遺産も1円も入らない彼女。野崎社長とは、男女の関係でもなく、お金でもつながっていない唯一の人物を疑うような記事もあった。

当然、早貴さんは、55歳も年下の結婚で、何も無くても遺産目当ての結婚を疑われる存在であろう。

お二人の夫婦関係について、彼女はこう話している。

「野崎社長は結婚後も、早貴さんがいないときは他の女性を呼んでいましたし、それを彼女もわかっていたと思います。普通の夫婦関係とは少し違ったものだったとは思います。ただ、事件も解決していませんし、無責任な発言をすると早貴さんにご迷惑をかけてしまうかもしれません。いまは話せないこともたくさんありますので、いずれ時期がきたら改めてお話ししたいと考えています。」

「普通の夫婦関係とは少し違ったものだったとは思います。」という部分がこの事件では重要になってくる。このことは、第3章、第4章を参照していただきたい。

◆犯罪報道という犯罪

警察や検察が逮捕しただけでは犯人ではない、つまり、「容疑者＝犯人」ということは説明するまでもなく明白なことである。仮に、容疑者が真犯人だったとしても、さらし者にする権利はマスコミにはないし、それは一般の市民でも同じことである。しかし、このあたり前の事が出来ていない。

この国の新聞、テレビなどの報道は、被疑者を実名・呼び捨てにして、報じることが多い。まるで、被疑者を犯人扱いして、「事件は解決した」と言っているかのようである。それだけではなく、本人、家族関係等が暴かれ晒される。後日、裁判で実行者であることがはっきりしても、逮捕段階で悪者扱いすることは、公正な裁判を受ける権利の侵害に当たる。時には、逮捕される前から、事実上、実名で犯人視する報道もある。

もし、その人が犯人ではなったら、取り返しのつかない人権侵害を犯していることとになる。逮捕されても不起訴になったり、起訴されても無罪であった場合、報道された人のプライバシー・名誉回復は、事実上不可能である。たとえ、その人が犯人だったとしても、マスコミが一般の犯罪者に社会的制裁を加えることは基本的に間違っている。罪を犯した人を罰するのは裁判所の仕事である。

マスコミ報道では、事件を起こした本人の人格が否定され、出身地や家族などが詳細に報じられる。被害者のプライバシーが暴かれる。マスコミ記者は、自分が「私立探偵」になった気分でいるのではないだろうか。

マスコミ・記者だから、犯人に決めつけていいのか、仮に、犯人だったとしても、その人には他人には計り知れない事情があったに違いない、と考えないのだろうか。

マスコミは、「第四の権力」[3]といわれるが、市民の上に立つ権力になっている。本来は、政府に対する監視機能の役割を果たすための権力である。マスコミの多くが、権力を持ち、弱い市民を傷つけているか気づいていない。自分の報道がどれほ

3　第四の権力　司法、行政、立法の三権と並び、「第四の権力」として政府に対する監視機能の役割を果たすといわれる。

ど多くの人々の運命を狂わせているかわかっているのだろうか。報道被害は事件報道と関連して発生する傾向が強く、集団的取材・報道による人権侵害や・捜査段階における犯人捜しなどが展開される。

報道の中には、誤報、疑惑の増幅の記事氾濫している。私の経験だが、マスコミの中には、私がどんなに事件の説明をしても誤情報を否定しても、自分たちに疑問をぶつけ、納得がいかない限り、あること無いことを書き続けた。「あなたは我々マスコミの疑問に答える義務がある」とマスコミが訊いてくれる質問内容は、警察の事情聴取での質問内容と変わりがなかった。マスコミがまるで警察の仕事を代行しているようであった。

そして、やっとわかってくれたと思えば、次の日の記事は、以前と変わりがない。クレームの電話を入れると、「釣部さん、私たちもサラリーマンなんですよ」とか、「デスクに書き直しを言われるんですよ。断ると、デスクが自分で書くから、もっとひどい記事になるんですよ」とか、「振り上げたこぶしをどこに下ろすかなんですよ。警察には下ろせないんですよ。どこかの社が下ろしたら、流れが変わるんですけど…」などと言われた。

取材を受けたことのある人にこのことを話すと、みな同じようだったと言う。

権力の監視や批判の実践がマスコミの大きな使命だと言いながら、「推定無罪の原則」[4]すら認めず、警察の視点にて相変わらず犯人捜しをしている多くのマスコミ報道、それを鵜呑みにする国民を見ていると、正直不安になる。また、少数意見を軽視したり、横並び意識の強さには異常さすら感じる。

マスコミは本来の役割に戻り、読者や視聴者に事象を公正かつ正確に伝え、警察権力などのしがらみから、一線を引くことを真剣に考えるべきだと思う。

マスコミの一般的な機能として、情報伝達と世論形成の二つがあるが、それを知ってか知らずか、悪用して（されて）いるのである。

私は自分が体験してから、犯罪報道の見方が随分変わった。

多くの人は、マスコミ報道に弱い。私自身も、以前は新聞に書いていることはほ

4　推定無罪の原則　犯罪を行ったと疑われて捜査の対象となった人（被疑者）や刑事裁判を受ける人（被告人）について、「刑事裁判で有罪が確定するまでは『罪を犯していない人』として扱わなければならない」とする原則。

ぼ無条件に信用していた。また、テレビにおけるニュースも同様である。しかし、自分が報道される側を体験して、これらの中には操作された情報があり、全くの誤報も存在することを知ったのである。

報道被害の元をたどると、警察からマスコミに非公式なルートで情報が出ているケースが目立つ。裏付けを取ってから報道することが大事なのに、二十年前と何も変わっていないという印象を持っている。警察とメディアに犯人視されたら、人生を破壊される。その構造は全く変わっていない。

新聞や雑誌の大きな見出しは、読者の思考を見事にコントロールする力がある。また、記事をよく読むと、巧みに「ら」とか「か」とか「?」とかで逃げている。「可能性がある」という言葉が非常に多い。新聞社として、そういう形で断定を避けているのだが、可能性があるという記事を何回も読めば、読者のイメージは固定されていく。そのイメージというのは、限りなく黒に近い灰色。事件報道としては、白と黒しかないのに、どうして灰色がでてくるのか？

「犯罪報道による報道被害」を考えるとき、一番問題なのは、マスコミが犯人捜しをすることであろう。しかも捜査段階で、新聞や雑誌の使命は事件の犯人を捜すことではない。誰が犯人かを決めるのは裁判であるということを、マスコミも国民も胆に銘じなければならない。特にマスコミは…。しかし、「探偵ごっこ」をしているのが現状なのである。

マスコミの報道を鵜呑みにすることで、結果的に読者・視聴者も捜査当局の冤罪づくりに加担しているかもしれないのである。また、警察とマスコミによって、誰でも社会的に抹殺される可能性があることは、拙著『警察管理国家』（万代宝書房）で書いた。

この報道に触れて、私は有名な2つの事件とこの事件を重ね合わせていた。

2. 和歌山毒物カレー事件

◆報道されている和歌山毒物カレー事件

和歌山毒物カレー事件とは、1998年（平成10年）7月25日夕方に和歌山県和歌山市園部で発生した毒物混入・無差別大量殺傷事件である。

一般に私たちが知っている、または知らされている「和歌山毒物カレー事件」はどのようなものであろうか？

概ね、以下の通りではないだろうか？

和歌山市園部地区で行われた夏祭りにおいて提供されたカレーライスに毒物が混入され、カレーを食べた67人が急性ヒ素中毒になり、うち4人が死亡した。死因が、当初の「集団食中毒」から、「青酸化合物混入」、「ヒ素混入」と原因の見立てや報道が二転、三転した。最終的に、混入された毒物は亜ヒ酸と判明し、被疑者として林眞須美さんが逮捕・被告人として起訴され、殺人・殺人未遂・詐欺の罪に問われた。無罪を主張したが、第一審で死刑判決を受け、控訴・上告も棄却されたため、

2009年に最高裁判所で死刑が確定した。

現在、林眞須美さんは、死刑囚として大阪拘置所に収監されており、和歌山地裁に再審請求を提起している。

◆和歌山毒物カレー事件の謎

まず、和歌山カレー事件では、検察による起訴23件のうち14件が無罪になり、有罪になったのはたった9件である。無罪起訴を最も嫌う検察としては異常な起訴なのである。

元大阪高裁判事の生田暉雄弁護士は、日本タイムズ紙のシリーズ「和歌山カレー『冤罪事件』」（2021年5月現在も連載中）の中で、この事件の謎を指摘している。（「日本タイムズ」は、大手マスメディアが取り上げない警察、政界、財界の腐敗、暴力団との癒着などの真実を報道する）。

ポイントをまとめてみよう。

報道でも判決でも、ヒ素で殺したということになっている。しかし、報道によると青酸化合物が含まれていたとされていたが、いつの間に姿を消している。判決書の中に、死因という項目はない。殺人事件の判決書で、死因という項目がないのはあり得ない。

では、証拠はというと、死体検案書である。捜査報告書の日付は平成10年8月10日である。死亡した4人の写真報告、死体検案書の作成が、いずれも平成10年10月7日付である。つまり、平成10年8月10日付の捜査報告書は、すでに書かれている死体検案書を取得して添付しているのであれば理解できるが、これが2ヶ月も後の10月7日に書かれている死体検案書を8月10日に取得して添付したという現実社会では、実行不可能な捜査報告書と一体となった新たな死体検案書が採用されていて、それに基づき判決が下されている。そもそも、平成10年7月26日，医師の面前で死亡し，解剖されているのに、解剖結果，死亡診断書，死体検案書のいずれもが，死因を青酸化合物としているので，裁判の証拠として提出されていない。

さらには、被害者の身辺調査がされていない。その外、この地域にはヒ素による未解決事件が複数あった。他にも不可解な点はあるが、弁護団も裁判所もマスコミも死因を証明する日付に証拠改ざんまたは捏造を疑わせるものがあることを追求してない。異常な裁判である。

報道では、逮捕前から、林眞須美さんがヒ素による保険金詐欺をしたことをたくさん報道し、我々悪人のイメージを持たされる。

これは、刑事裁判では、許されない「悪性格立証」に深く関連している。

「悪性格立証」とは、被告人が犯人であることを立証するために、被告人の悪

日本タイムズ令和３年５月５日第５０４５号３面

和歌山カレー「冤罪事件」

元大阪高裁判事・生田暉雄弁護士から投稿⑤

林眞須美氏

今回は被告人林眞須美の黙秘について見ていきましょう。これまた大変驚くべきことが起こってます。

「和歌山カレー事件において、被告人林眞須美は、捜査段階から一審裁判中は、完全黙秘（「完黙」という）しています。黙秘権の行使は、被疑者、被告人の権利です。黙秘は自己が不利益になることを防ぐ効力があるといわれています。被告人は、自分の意思が、弁護人に勧められて完黙したとして皆さんはお思いになるでしょう。驚くべきことに、「和歌山カレー事件」では、担当した警察官のそれも二名が別々の機会に、「お前ではくつ返すことは困難だから完黙以外にない」と強力に勧めたのです。

これは、警察官が良心に基づいてそうさせたのか、それとも捜査本部の方針か、ということが疑問になります。ここで完黙することによる被告人の利益と警察の利益を比較することにしましょう。

カレー事件について、被告人林眞須美が関与するのは7班の中の1班の班長として、午後0時過ぎから約1時間弱の見張りをしただけの関与です。極めて弁が立ち、記憶も良く、頭の回転も早く、看護学校卒、保険外交員の経歴、実家の経済活動から人脈も少なくない。全面的に争う被告人がわずか1時間弱の見張りの間の事について、自己に不利益な事を言うとは考えられません。

被告人に自由な発言を許せば、保険金請求の裏事情、地域の大規模開発の人的対立関係等、豊富な知識でまくし立てられることは必定でしょう。保険金請求時の医師の種々の診断コネ、調査の裏事情に特定の大政党の大物が関与しているとの裏事情や、地域開発の闇の部分について、大物政党人が明らかにならざるを得なくなる可能性も大です。

そうすると、被告人に黙秘させることは捜査側に有利と言っても過言ではないでしょう。捜査側は被告人に完黙をさせ、被疑者調書一つ無い事件を起訴できた。自白に頼らない捜査を遂行した等、警察、検察の協同調査の大義名文を得るとともに、完黙を理由に、保険金詐欺事件や「和歌山カレー事件」を膨大な情況証拠の獲得の大義の基に、一方的に被告人に関する側だけの捜査に終始し、裏関係者の摘発等をすることもなく、１３年近く放置してきた保険金詐欺等の未裁事件とともに「和歌山カレー事件」も処理できました。すべては、被告人の完黙のお陰です。

その上、弁護団は被告人が完黙しているため、十分な打ち合わせをせず、被告人の豊富な知識を弁護活動に利用せず、ありきたりの検察の立証に反対するだけの形式的弁護に終始し、検察の大勝利に終わりました。完黙が被告人のためになるのかどうかを判断することが、刑事弁護の要諦といえる弁護の要です。被告人が黙秘しても弁護団は被告人との打ち合わせを一層密にする必要があります。刑事弁護の最大のニュースソースは、被告人なのです。「和歌山カレー事件」の最大の特色は捜査側が被告人に完黙をさせ、それを利用した捜査側の独走です。

膨大な情況証拠による裁判と強調されていますが、捜査側の独走を隠すため、捜査側が打った演出です。完黙で誰が一番得をしたのかを判断すべきです。完黙のお陰で、13年間放置していた未裁事件を処理でき、カレー事件も処理し、県警は虚弱警察であるといわれていた汚名を返上することが出来、何よりも陰の大物を世間に晒すことなく捜査を完遂できたのです。

完黙の効果はどう転んでも偉大です。

い性格や日頃の悪い行い、特に同種前科なんかを証拠として提出し、「今回も被告人が犯人です」と立証することである。

つまり、
①「被告人は、日頃からこんな悪いことをしている。以前にも同じような前科があります。」という事実を立証して、
②「被告人は、犯罪を行うような悪い性格を持っている」と裁判官に推認させ、
③「だから、今回も被告人の犯行である」とさらに裁判官に推認させるという立証方法である。

こういった立証方法は、日本の刑事訴訟法、原則として許されていない。なぜなら、裁判官に不当な偏見を与え、事実認定を誤らせて冤罪を発生させてしまう危険性が高いからである。

例外的に許されるのは、①犯人であることが他の証拠から認められるときに故意など内心の事情を認定する場合、②犯罪行為に顕著な特徴がある場合に犯人であることを認定する場合、などのケースに限られている。こういったケースは、事実認定を誤る危険は少ないからである。

裁判官も人間である。悪性格に関する証拠を見てしまうと、それだけで無意識のうちに「被告人がやったのではないか」というバイアスがかかってしまう危険がある。まさに、この裁判がそうであると思っている。

我々は、裁判前の報道、ワイドショー等で下手に情報が入ってしまうと正確な判断ができなくなる可能性があるのである。まさに、この事件は、その典型例だと思う。

誤解を恐れずに言えば、彼女はもともと詐欺師である。詐欺師は、基本自分の損することはしない、賢い人である。彼女も例外ではないだろう。カレー事件を起こして、彼女は得る物がない。だとすると、ますます動機の解明・立証は、有罪確定には不可欠だと考えられるが、このことがなされていないまま、有罪が確定しているのである。

3．松本サリン事件

◆報道されている松本サリン事件

1980年代末期から1990年代中期にかけてオウム真理教が起こした、いわゆる「オウム真理教事件」は、宗教テロ、化学兵器テロとして、日本中を震撼させた。一連の事件で29人が死亡し（殺人26名、逮捕監禁致死1名、殺人未遂2名）負傷者は6000人を超えた。教団内でも判明しているだけでも5名が殺害され、死者・行方不明者は30名を超える。被害者の数や社会に与えた影響や裁判での複数の教団幹部への厳罰判決などから、「日本犯罪史において最悪の凶悪事件」とされている。

オウム三大事件といえば、坂本堤弁護士一家殺害事件、地下鉄サリン事件、松本サリン事件である。

ここでは、「松本サリン事件」のみを扱うが、一般に私たちが知っている、または知らされている「松本サリン事件」はどのようなものであろうか？

概ね、以下の通りではないだろうか？

1994年6月27日夜、長野県松本市内の住宅街を有毒ガスが襲い、7人が死亡（後にさらに1人が死亡[5]）、200人以上が中毒症状を起こした。このガスは化学兵器に使われる猛毒のサリンと分かった。警察では何者かが合成したとみて原料となる薬品の販売ルートから手掛かりを得ようとした。しかしサリンの原料は数十種類もあり、捜査は難航した。発生後、第1通報者の河野義行さんを犯人視した警察とマスコミが、批判を受けた。昨年7月に死刑が執行された元教団幹部13人のうち、松本智津夫（麻原彰晃）元死刑囚を含む7人[6]が事件に関与していた。

結局、オウム真理教の犯行と分かったのは翌年の地下鉄サリン事件の捜査の過程だった。教団関係の訴訟を担当していた長野地裁松本支部の裁判官官舎を狙ったとされる。

また、無実の人間（河野義行さん）が公然と犯人として扱われてしまった報道被害事件でもある。

5　後にさらに1人が死亡　事件から14年後の2008年8月8日、本事件による負傷の加療中であった河野義行の妻が死亡したためこの事件による死者は8人となった。

6　元死刑囚を含む7人　7人とは　村井秀夫・新実智光・端本悟・中村昇・中川智正・富田隆・土谷正実・遠藤誠一

◆松本サリン事件の謎

実は、検察官が主張し、裁判所が認定した松本サリン事件そのものを根底から揺るがすような事実があるが、それはほとんど無視されているし、報道されていない。

麻原氏の国選弁護人団長だった渡辺脩弁護士の著書『麻原を死刑にして、それで済むのか？――本当のことが知らされないアナタへ』（三五館）（P128）には、マスメディアによっては全く伝わってこない驚くべき松本サリン事件の謎が記述されている。そこの部分をまとめてみよう。

事件「実行犯」たちの「自白」に基づく検察官側ストーリーは、「六月二七日午後一〇時四〇分頃からの一五分間にサリンが散布された」ことになっている。

ところが、松本サリンで治療に当たった医師団の「松本市有毒ガス中毒調査報告書」（柳澤信夫編松本市地域包括医療協議会）によると、実は、当日午後八時から九時の間に五人、午後九時から一〇時頃までの間に八人、翌午前六時から一一時にかけて多数の人々が被害を訴え、もう一つのピークを形づくっていた、というのである。

検察官の主張の公訴事実によれば、松本サリン事件の実行行為は、「六月二七日午後一〇時四〇分頃から一五分間」だったということになっている。実行行為、散布の前、二時間五五分〜一時間五五分の間に松本サリン事件の被害者同様の症状に襲われ、実行行為後七時間以上も経ってから同様の症状を感じた、ということになる。

これはどういうことになるだろうか?

散布の後なら、効き目が遅かった可能性を言う人がいるかもしれないが、すでに同様の症状で苦しんでいる人がいたとなると、これは犯人が複数回にわたって散布したか、あるいは別動隊がいたとしか考えられない。

そんな重大な疑問を弁護団が提起しても、検察官は何も答えず、マスメディアは無視し続け、裁判官も無視しているのである。

この状況は、被害者特定の問題だけではなく、松本サリン事件が本当はなんだったのかという最も根本的な疑問を生み出す。

松本サリン事件で撒布された有害ガスがサリンであると判明したのは、事件後二〜三日だったことが裁判で明らかになっている。そうであれば、なぜ、サリンが造れないことがはっきりしている河野義行さんを被疑者とするような人権侵害捜査を延々と継続したのか？　科学者たちは、サリンの原料になる薬品類を大量に買い付けた者を特定すれば、犯人を捕らえることができるはずだと指摘していたという。

そもそも、松本市地域包括医療協議会調査では、約600人が被害にあっている。刑事事件の裁判の迅速化のためとはいえ。負傷者は4名しか扱われていない。

これでは、松本サリン事件の被害者の方々は、本当に「実行犯」たちが撒いた「サリン」で被害を受けたのか？　それとも「別動隊」がどこかにいて、その「犯人」たちによって撒かれた何者かによって被害を受けたのか？

これをどう評価するであろうか？　警察による松本サリン事件の真相隠しの疑惑が強烈に浮かび上がってくるのである。

報道で知らされている「松本サリン事件」と「松本市地域包括医療協議会調査」から見えてくる事件では、事実認定が異なるのである。

別に、「和歌山毒物カレー事件」と「松本サリン事件」に限ったことではないが、テレビ・新聞が振りまいている主流の報道内容は、真実の解明ではなく、犯人とされる人物を有罪にするための裁判だと思えてしまわないだろうか？

第2章

それは素朴な疑問から始まった

1．素朴な疑問

◆和歌山資産家不審死の経過

まずは、事件の経過を振り返えることにしよう。

2018年2月　野崎幸助さんが須藤早貴容疑者と結婚
5月6日　野崎さんの飼い犬が死ぬ
5月24日　自宅で野崎さんが死亡。死亡推定時刻は午後9時ごろ
26日　和歌山県警が容疑者不詳の殺人容疑で野崎さん宅や会社事務所を家宅捜索
6月2～3日　県警が東京都内の須藤容疑者の自宅などを捜索
6月6日　県警が野崎さんの死因を急性覚せい剤中毒と発表
6月7日　県警が野崎さん宅の庭に埋葬された飼い犬の死骸を押収。その後の鑑定で体内から覚せい剤は検出されなかったことが判明
9月　田辺市の担当者が「全財産を寄付する」旨の野崎さんの遺言書確認。

遺産は約13億円とされる
2020年4月　野崎さんの親族が遺言書の無効確認を求め和歌山地裁に提訴。
2021年4月28日　須藤早貴さんを殺人と覚醒剤取締法違反の疑いで逮捕。
2021年5月19日　和歌山地検が須藤早貴さんを殺人罪などで起訴。
5月6日　野崎さんの飼い犬が死ぬ

◆私の素朴な25の疑問

私の素朴な疑問を順不同で箇条書きにしてみるとこうなる。

1. 野崎さんは、本当に覚せい剤で死んだのか？
2. 覚せい剤をどうやって口から入れた？
3. 精力剤として、覚せい剤を飲むことはなかったのか？
4. 早貴さんに弁護人は、もう付いているのだろうか？　弁護人との接見交通権は保障されているだろうか？
5. 奥さんとは、どういう結婚生活だったのろうか？
6. 家政婦さんとは、どういう関係なのだろうか？

7. 家政婦さんは、地元の人ではなく、どうして東京から通っているのだろうか？
8. 逮捕の少し前に、田辺警察署の人事異動があったのではないだろうか？
9. なんで、4月28日が逮捕日なんだろう？　逮捕状はいつ発布されたんだろう？
10. 本当に覚せい剤が発見されたのか？　警察のでっち上げではないのか？
11. 野崎さんが死んで一番得するのは誰だろう？
12. 野崎さんを殺して、一番得するのは誰だろうか？
13. 奥さんは、遺産目立ての結婚と言われていて、夫を殺すだろうか？
14. どうして、直後ではなく、死亡して数か月後に弁護士から遺書が出てくるのだろうか？
15. 自白をするだろうか？　完全黙秘するのではないか？　供述調書にサインするだろうか？
16. 覚せい剤だとして、その売人は特定できているはずだ。ならば、その人を逮捕しているのだろうか？
17. 野崎さんを恨んでいる人は外に誰だろうか？
18. トリカブト事件のように、アリバイ作りはないのだろうか？
19. カプセルを飲ませたとして、離婚したい若い妻から薦められて、はたして飲むだろうか?
20. 公判維持できるのだろうか?
21. 初動捜査にミスはないのか?
22. 早貴さんは、本当にドバイに移住(高飛び)しようとしていたのか
23. ドバイ移住の裏取りは出来ているのか?
24. 別件での再逮捕はするのだろうか?
25. 裁判では、黙秘するのかしないのか?

ざっと、これだけの疑問がすっと上がる。この私の疑問を解決してくれるような報道を期待していたのである。

予想通り期待はずれだったので、自分でも調べてみた。そこで、疑問を解決できたものもあるが、できなかったものもある。逆に、解決できたゆえに、報道に疑問が大きくなったものもある。マスコミは、報道しないということも出来るのである。

ここで、解決したいくつかと、さらに出た疑問を紹介することにする。

2. 解決した素朴な疑問とさらなる疑問

◆署長の人事

報道を検索すると、『「被害者の無念晴らせた」 田辺署の岸谷署長』という記事が出てきた。以下記事を引用する。

田辺署で行われた記者会見には、県警の徳田太志刑事部長と岸谷孝行田辺署長、保田彰捜査1課長が出席、事件の概要と逮捕に至る経過について説明した。岸谷署長は会見の冒頭、「被害者の無念を晴らすことができ、県民の期待にも応えることができたと思う。逮捕は一つの節目であり、事件の全容解明に向けて全力で取り組みたい」と語った。

保田捜査1課長は、覚醒剤を摂取させた方法や入手経路について「今後正確に立証すべき事柄であり、この場での回答は差し控えたい」としたが、胃の中から覚醒剤の成分が検出されたことから「口から体内に入ったことは間違いない」と語った。

さらに「(須藤容疑者が)覚醒剤を入手したのは間違いないと考えている」と話し、「自殺につながる原因がなく、致死量を超える覚醒剤が検出されたことなどから、事件と考えた」と説明。逮捕まで3年がかかった理由については「さまざまな可能性を一つずつ消していき、証拠の価値を一つずつ判断した結果だ」と述べた。

この田辺警察署長の岸谷孝行氏は、2021年3月26日の人事で県警の捜査一課長である。野崎さんが死亡した際に県警で指揮していたのが岸谷孝行氏である。その人が、田辺署に異動して、約一ヵ月で逮捕に動いている。この一か月で何か発見なり進展があったのであろうか? そういう報道はない。ないとすれば、前任者が捜査する中で、逮捕に慎重な姿勢だったので、」トップを変えて、逮捕に踏み切った可能性があるのではないだろうか?

あくまでも推測だが…。警察では、慎重な姿勢の前任者を異動させて、逮捕に踏み切ることを裏の目的に人事異動することはよくある話である。

「私は、○○を逮捕するために来ました」などと非公式な場で挨拶する人もいるそうだ。岸谷孝行氏がそういうたぐいの話をしたか否かは、不明である。

◆ドバイ移住計画?

報道によると、

県警は今月に入って、須藤容疑者の行動確認に入り、27日に都内で逮捕した。実は今年1月に「FRIDAYデジタル」が、同容疑者が4月に海外移住計画があるとスクープ。「(須藤容疑者は)かつて『何度もドバイに行ったことがある』と本誌に語っていた。馴染みのある土地で悠々自適な生活を送ろうとしているのだろうか」と報じていた。

そこで、「FRIDAYデジタル」を見てみると、

『紀州のドンファン怪死事件　須藤早貴容疑者「逮捕後の5つの謎」』というタイトルで、謎①犯行の動機、謎②覚せい剤の入手ルート、謎③どうやって覚せい剤を飲ませたのか、謎④なぜ取材に応じたのか、謎⑤遺産の行方、の5つのついて記載されている。

5月にドバイへ高飛びするとの情報もあり緊急逮捕に踏み切ったようですが、い

まだ決定的な証拠はありません。わかっているのは、キッチンの床と掃除機から覚醒剤の反応が出たこと。何らかの方法で野崎氏に覚醒剤を飲ませ、キッチンにこぼれた粉を掃除機で掃除した。それができるのは死亡推定時刻前後に家にいた早貴容疑者しかいない、というのが県警のストーリー。

しかし、これはあくまで状況証拠に過ぎません。今回の逮捕に際して警察と検察はガッチリとタッグを組んでいますから、起訴は間違いない。ただそれでも、裁判で有罪に持ち込めるかは読めません」（全国紙社会部和歌山担当記者）

この記事を書いたのは、おそらく吉田隆氏であろう。吉田氏は、ドン・ファンこと野崎さんのゴーストライターであり、『紀州のドン・ファン殺害「真犯人」の正体』（講談社α文庫）の著者である。吉田氏は、野崎夫妻に密着していたので、書籍に書けないような情報も持っていると考えられる。

「5月にドバイへ高飛びするとの情報もあり緊急逮捕に踏み切ったようですが、いまだ決定的な証拠はありません。」として、さらに、情報源は「全国紙社会部和歌山担当記者」としている。

マスコミ得意の情報源秘匿である。おそらく、警察の誰かが、オフレコで記者にこぼしたものであろう。これは、警察が、「なぜ、今逮捕なのか？」という国民やマスコミの疑問が膨れないようにリークしたものであろう。

また、AERAdot. の記事（2021.4.28）に、こうある。

野崎さんの死後、早貴容疑者は野崎さんが和歌山県田辺市で経営していた会社「アプリコ」から約3834万円などを自身の名義の預金口座へ振り込んでいた。「その金を持って、ドバイへ行きたいと言っていたんですよ」（前出・関係者）

和歌山県警は早貴容疑者が国外へ高飛びの準備をしているとみて、身柄を確保したという。

関係者とは誰だろうか？　記事には、「2人の事情を知る関係者」とある。これでは、情報源はわからない。推測や噂話かもしれない。

そもそも、「経営していた会社から約3834万円などを自身の名義の預金口座へ振り込んでいた」件では、裁判になっている。疑われていて、さらにそのお金で、悪いが3000万円程度で移住をするというのであろうか？

そして、これを報道したマスコミとしては、このドバイ移住の裏はとれているのだろうか？　「ドバイに行ったことがある」「ドバイに住みたいと言っていた」というのは、裏取りにはならない。
それなら私だって、ハワイや沖縄に移住を狙っていることになってしまう。

ここで、さらなる素朴な疑問が出る。
・移住するに、わざわざこのゴールデンウィーク時を選ぶのか？
・このコロナ禍で、ＵＡＥ（アラブ首長国連邦）のドバイにいくのか？
・航空機の予約はあったのか？
・移住先の住所は？
・ＶＩＳＡは所得できているのか？　取っていたとしたら、どんなＶＩＳＡか？
・行くのは、一人だったのか？

吉田氏もこれに対して答えた記事はないし、警察もマスコミも、この素朴な疑問に対する記述は見つからない。にもかかわらず、「ゴールデンウィーク中にドバイに移住するかもしれないからこの時期に逮捕した」というのが、まことしやかに流れている。

私は、先の疑問が解決しない限り、警察がいう、なぜ、このタイミングであったのか？　は信じることができない。

裏を取っていないにもかかわらず、警察のリークを報道するのであれば、あたかも逃亡を狙っていたという先入観を入れるような報道であり、警察の広報としかいいようがないのではあるまいか。

◆田辺市長選と市議会議員選挙

では、どうして26日（月）が逮捕状請求日で、28日が逮捕日だったのであろう。

ドバイ移住説が信じられない…としたら、私はこういう時は、その前後に何かないかを調べるようにしている。

すぐに出てきたのが、「田辺市長選に真砂氏5選」という記事である。

記事によると、4月25日任期満了に伴う田辺市長選挙と市議選が行われていた。

その選挙で、現職の真砂充敏氏＝無所属、自民・公明・立民・国民推薦＝が5回目の当選を決めた、とある。

市長選の対抗馬は、市民団体「市民オンブズマンわかやま」事務局長（共産党推薦）だったそうだ。

この野崎幸助さんの遺贈受け入れを巡り、関係公文書を市に開示請求したところ大部分が非開示だったことを不服として、市民団体「市民オンブズマンわかやま」事務局長の畑中正好さんが9月29日、市に異議申し立ての審査請求をしていた。

◆田辺市へ遺産の寄付？

そこで注目したのが「紀州のドン・ファン、遺産の行方は…文書で「全財産を市に寄付」」の記事である。短いので全文を引用する。

子供がいなかった野崎幸助さん（当時77歳）は約13億2千万円の遺産があり、死後、全額を和歌山県田辺市に寄付するという文書が見つかった。妻だった須藤早貴容疑者（25）には法律上、遺言内容にかかわらず半額の相続を請求する権利があるが、事件の行方によっては権利を失うこともある。

野崎さんは酒類販売業や金融・不動産業を営み、高額納税者として度々公表されるなど、資産家としても知られる。野崎さんが「全財産を田辺市に寄付する」と赤いサインペンで書いたとされる文書を知人に託していたことが死後に判明。和歌山家裁田辺支部は遺言書の要件を満たしていると判断し、支部が選任した弁護士が遺産を算定した。

野崎さんの遺産については「全財産を市に寄付する」とする遺言書が死後に見つかり、市が受け取る準備を進めている。市が把握している財産は約13億2千万円。昨年9月と今年3月の市議会で、弁護士委託料など遺贈を受ける手続きにかかる費用計約1億8千万円の予算が可決されている。また、遺言書については、野崎さんの兄ら親族4人が無効確認を求める訴訟を起こしている。

先の対抗馬の畑中さんは「公金の使い方をチェックしたい」として、弁護士を委託した契約書や遺産の内容が詳しく分かる資料を情報公開するよう市に請求した。市は、弁護士との報酬に関する情報は当該弁護士の営業上のノウハウが含まれている▽遺贈の受け取りに関して利害関係者からその可否に関わる訴訟が提起されており、公開することで市が不利益を被る恐れがある―などとして、一部を除いて非開示としていたのだ。

この遺言の真正か否かで裁判になっており、その弁護費用に、田辺市は大阪の弁護士に一億8千万の予算を計上し、予算が議会で可決されている。野崎氏の遺産は、30億とも50億ともいわれる。最終的な遺産額については、債務の清算などに時間がかかっており、本年度中の確定に向けて作業を進めている。その後、野崎さんの妻の遺留分についての協議などがあり、実際に市がどれだけ受け取れるかは未定という。

この遺書については、野崎さんの実兄らは「走り書きしたような文字で、自分の意思で作成したとは考えられない」と遺言書の無効確認を求めて和歌山地裁に提訴した。裁判では、自筆とされる遺言書の有効性が問われている。「無罪請負人」の異名をとる弘中惇一郎氏の事務所などを経て独立した渥美陽子弁護士は、この「遺言書は偽造された可能性が高い」という。

この遺言書は、野崎氏の死から3ヵ月後にドン・ファンの友人を名乗る、M氏が裁判所に提出したのだ。遺言書は、野崎氏からM氏のもとに郵送で届いたという。

妻が殺人したとなると、遺産を受け取る権利がなくなる。全額田辺市のものになる。

しかし、負けた場合は、田辺市は、市民の寄付金をあてにして、一億8千万円を捨てることになる。選挙前に、早貴さんの逮捕の報道が流れると、この遺言や遺産のことも大々的に報じられるかもしれないし、対抗馬が選挙のネタに使うかもしれない。

そうすると、選挙前には逮捕状を請求せず、投票終了後に、逮捕状を請求し、逃亡で逮捕を急いでいるなら、逮捕は27日でもよさそうだが、なぜか2日後のゴールデンウィーク前日の28日に逮捕している。

先に述べたように、3月26日に人事異動があったのだから、逃亡をさせたくなかったのであれば、もう少し早くに逮捕してもよさそうなものだが…、と私は思ってしまう。選挙前に逮捕すると、何か都合の悪いことでもあるのかと勘ぐってしまう。

それを避けたと考えるのは、考えすぎであろうか。

3. 裁判の現状を見ると

◆裁判員裁判になることが予想されている

この裁判は、殺人罪なので、裁判員裁判の対象になる。

起訴した以上、検察は異論や疑問が続々出ても、無理でも状況証拠の積み重ねで、立件は可能と踏んでいる。一審は有罪判決に持ち込めると考えているのではないか。

なぜなら、和歌山地検は、和歌山カレー事件で、林眞須美氏を状況証拠のみで、さらには、死因を曖昧にしたまま、死刑に持ち込んだ経験を持つからである。

検察には「有罪判決が得られる高度の見込みがある場合に限って起訴する」という基準がある。それを知る裁判官や裁判員は「起訴してきたからには有罪」との予断を持ちかねない。裁判員は、マスコミ報道や裁判官の意見に影響を受けやすいのである。

裁判員や裁判官が大きく影響を受けるのがマスコミの報道である。

◆メディアで市民感情をあおる

着実な捜査よりも速やかな容疑者の逮捕、犯人視報道、そういった誘導に引きずられる国民世論などの問題も指摘されている。

かのロス疑惑事件[7]では、当時、週刊文春が「疑惑の銃弾」と題し、三浦和義氏を犯人視する報道を連載したことで、一気に報道が過熱し、「なぜ警察は逮捕しないのか」という世論までが形成された。三浦氏は結果的に殴打事件で有罪となったものの銃撃事件では氏名不詳との共謀を検察は立証することができず、日本では無罪が言い渡されている。

また、和歌山県で起きた「和歌山毒カレー事件」でも、林眞須美氏が報道陣にホースで水を掛ける様子を含め、ことさらに悪人であるかのごとく報道が過熱し、裁判では動機が解明されないまま、状況証拠のみで、無差別殺人犯として有罪が確定し

7　ロス疑惑事件　ロス疑惑事件では、「疑惑の銃弾」と題した連載が週刊文春に掲載されたことで騒然となり、三浦和義氏は悲劇を演ずる悪人だ、という世論が作られた。世論はついには、「警察はなぜ三浦を逮捕しないのだ」という市民感情にまで達したのだった。

てしまっている。

正直、事件当時は、マスコミの報道を見聞して、私も林眞須美氏が犯人だと思った。しかし、今は、先に述べたが、この事件は冤罪だと思っている。

報道機関の役割は、事実の報道を通して、国民の知る権利に奉仕することである。このことは権力の監視にもつながる。

しかし、こと事件報道になると、中立公正であるはずの報道機関が、多くの場合、捜査当局からの発表を鵜呑みにして、偏った報道をするのである。事件が凶悪事件であればあるほど、その傾向は強いように思える。凶悪犯を許さないとする捜査当局と市民感情に迎合するあまり、報道機関が、警察より先に被疑者を社会的に裁くというようなことが起きているのである。これが後に、冤罪だったと明らかになる事件もある。つまり、報道機関が冤罪に加担をしている現実があるのだ。

市民感情というものは、マスコミによって形成されるものが大半であろう。凶悪事件において、被害がいかに酷かったかを強調することによって、加害者の厳罰化を望む市民感情が形成される。それは、広告において、不安や恐怖を煽ることで、商品の購買意欲を高めようとするものと同じ類である。今では、ＳＮＳの影響も極めて大きい。

前述のような犯人視報道によって、「この人が犯人だ」という特定の人物を有罪視する市民感情が形成され、それが裁判官や裁判員にも多大な影響を与えている。市民感情は、真犯人の発見も大事だが、冤罪はあってはならない、という方向に動き出すのではないだろうか。マスコミが率先して、真実を報道し、冤罪防止の一役を担うべきだ。

裁判員裁判が恐ろしいのは、公判前整理手続きによって、密室で証拠が先に決まってしまう点である。つまり、検察官、裁判官が被告人を有罪と結論付ける為に、必要な最小限の証拠に絞り込んだ上で、集中審理が始まるのである。これのどこが公判中心主義といえようか。

裁判員は、その数少ない証拠をもとに判断しなければならず、これでは真実を見極めることは無理に等しい。要するに、審理の迅速化を優先したものであって、冤罪の防止を第一義的に捉えた制度設計にはなっていないのである。

結局のところ、否認事件では、弁護人が公判前整理手続きで、どれだけ正義と情熱をもって頑張れるか、そのことに尽きるのである。

◆騙されてはいけない

ここまで書いてきた内容だけを見ても、点でしかない報道も線で記事を解析していくと、「早貴さんが殺したのではないか？」と言うのではなくて、少なくとも「早貴さんが殺したとして起訴されている」と言うべきだろう。「早貴さんが殺した事件と警察が逮捕して、検察庁が起訴して、今裁判がはじまる」と、こういう風に言うべきであって、少なくとも、裁判ではっきりするまでは、その人がやったのではないか？という論調は避けるべきだと思う。

さらには、被疑者側の言い分もあれば、平等に伝えるべきであろう。今回は、黙秘をしているようであるが、そうであれば、被疑者・被告人側の主張が入手できないので、それをきちんと伝えるべきであろう。さらには、逮捕直後の弁護人との接見交通は、速やかに行うことが被疑者の防御の準備のために特に重要であるのだが、これが保障されているのか、せめて弁護士は何回接見に行っているのかどうかなどは伝えることは可能なはずである。

その情報を基に判断するのは読者であり、視聴者であると思います。メディアの仕事は、市民にとって必要な情報の提供です。「知る権利」にこたえると言ってもいい。

今回良かったのは、黙秘していることを批判する論調がなかったこと、途中からワイドショーなどで、早貴さんを犯人視する報道が少なかったことである。

「普段、疑われるに足ることをしている人物は、いざという時、予断・偏見を持たれても仕方がない…と考える」という人もいるであろう、「予断・偏見」の前提には明らかな情報の不足ないし歪曲があるのであって、世の中の「疑い」というものが、あっという間に増幅していく。

「疑われるに足る」要因があったかのように描くことは許されない。

犯罪報道の逮捕・起訴・裁判をめぐる最大の特徴は、裁判所における公判前整理手続きも始まっていないというのに、社会現象としては、被告人を断罪する報道や評価が広範囲に先行し、公訴事実がすでに成立しているかのような社会的予断が充満しているということである。

このような社会現象は、公正な裁判における生命線ともいうべき「予断排除の原則」にとって、重大な脅威になっている。

◆冤罪づくりの方程式

「冤罪づくりの方程式」というのをご存じだろうか？　これは、私の犯罪報道に巻き込まれた自分の体験や他の冤罪事件を調べる中で、冤罪造りには一つの同じ流れがあることがわかったのである。冤罪は、冤罪加害者（警察、検察、共犯者、弁護士、裁判官、マスメディアなど）によって意図的に造られるのが殆どである。どのようにして造られるのかを分析してみると、このような方程式が考えられた。私はこれを「冤罪造りの方程式」とよんでいる。

簡単に説明しよう。

前提として、加害者側（特に権力者）には何らかの意図がある。名誉欲、出世欲、金銭欲、評判、メンツなどなどである。警察は公共の安全と秩序の維持の為に、犯罪を摘発する。国民生活を危険から守り、安全な社会を実現することに貢献しているのである。そのため、重大事件や話題となっている（された）事件で、犯人を取り逃がしたり、真犯人を発見できず未解決事件で終わるようなことは断じて許されない。国民からも大いに批判を受ける。

国民からの批判、警察組織としてのプライド、それらが現場の刑事にのしかかり、「警察の威信にかけて」事件解決に奔走することになる。また、県警本部長クラスのキャリア組ともなれば、捜査本部を設置するような大事件を捜査指揮し、事件を全面的に解決すれば、その手柄が認められ、さらなる昇格が待っているのである。

そのような警察組織が生み出す組織の論理と、個々人が持っている意図は、「真犯人の発見」「犯罪の摘発」というキーワードで共通している。

その為、重大事件でありながら、なかなか真犯人を逮捕できないようなケースでは、上命下服の組織の中で、現場の刑事に有形無形の圧力がかかる。そして、自白

【冤罪造りの方程式2021】

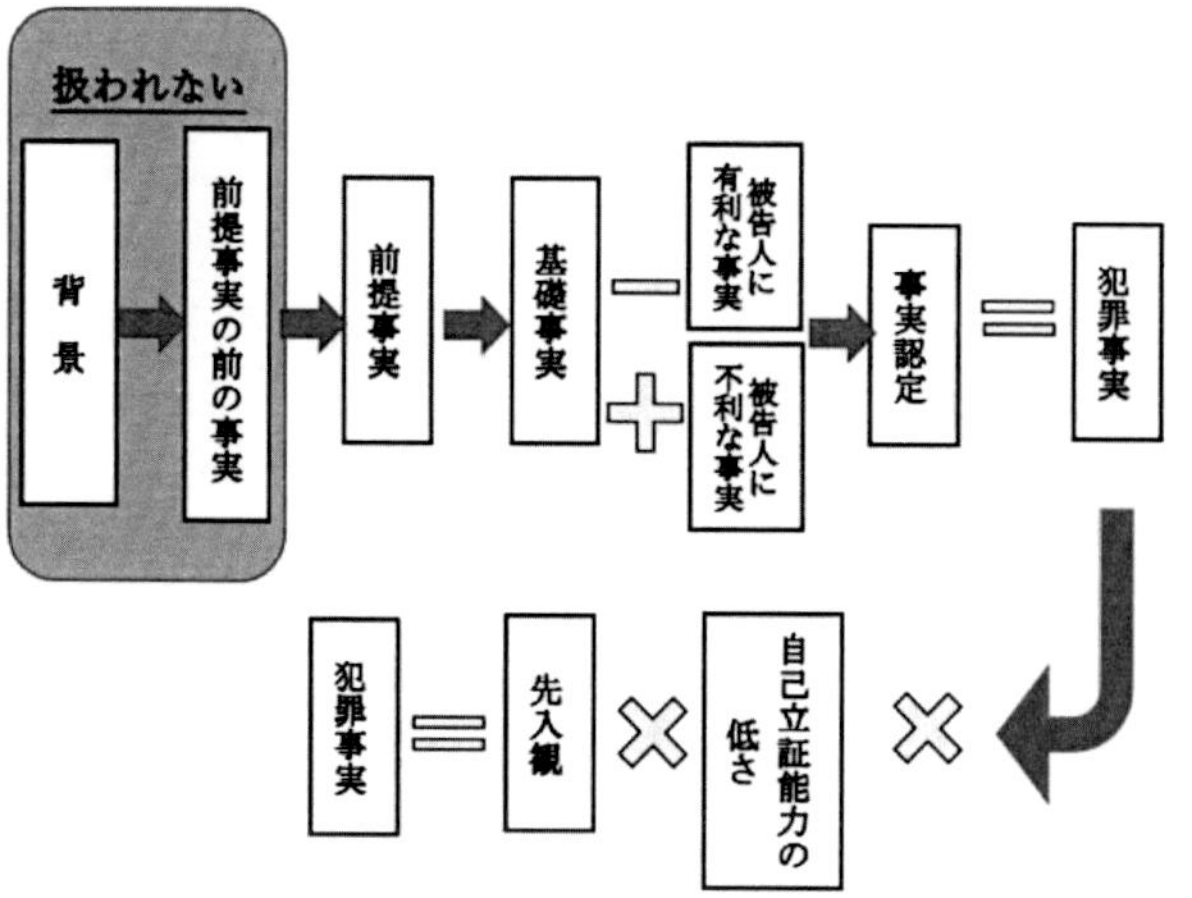

の強要、証拠の捏造という行き過ぎた事態が生じ、誰かがスケープゴート（冤罪被害者）になってしまう。こういったことが繰り返し行われるのである。

　では、具体的に観ていこう。

　事件は、何らかの基礎事実があるから事件になるのであるが、その起訴事実の前の事実や背景が正しく扱われることは少ない。ここは、逮捕の事実や公訴事実に直接関係ないからある。ただ、マスコミは、視聴率狙いで、ここを面白おかしく、曲解することも多い。

　さらに、**基礎的な事実**から、**被告人**

に有利な事実は隠される。そして、それに捏造された事実が加えられる。検察の証拠改ざんによる捏造で有名なのは、村木厚子氏の郵政不正事件[8]であろう。この事件では改ざんの事実が明らかとなり無罪となったが、事実が捏造されたことで、虚偽の**犯罪事実**が造り上げられてしまったのである。

そして、冤罪被害にあうような人は、政治家などは別にして、多くの場合、**自己立証能力**が低い人が選ばれる傾向にある。説明が上手にできない人、ちょっと変わった人、あいつならやりそうだと思われる人、有能な弁護士と契約できそうにない人、友達が少ない人、外国人などである。例えば、地元ではいわゆる不良と呼ばれていた人、元覚せい剤患者、内向的な性格の人、捜査当局に恫喝されると言いたいことがいえなくなるようなおとなしい人、精神障害を持った人などが冤罪被害者となっている。

8　郵政不正事件　障害者団体向けの郵便割引制度を悪用し、企業広告が格安で大量発送された事件で大阪地検特捜部は09年、自称障害者団体に偽の証明書を発行したとして厚労省の村木厚子元局長らを虚偽有印公文書作成・同行使容疑で逮捕・起訴した。大阪地裁は昨年、村木元局長に無罪を言い渡し、無罪判決が確定した。2010年9月21日に朝日新聞は朝刊の一面で、本事件の証拠物件であるフロッピーディスクの内容が改竄されていたことをスクープした。最高検は捜査を開始し、同日夜、大阪地検特捜部検事で本事件の元主任検事・前田恒彦を証拠隠滅の疑いで逮捕した。

袴田事件では、袴田さんは元ボクサー。当時、ボクサーは不良のように捉えられており、「ボクサーあがり」と偏見の目で見られる傾向が強かった。今はないが一昔前の、ロックでエレキをやっている人やバイクに乗っている人は不良だというレッテルのようなものである。

和歌山カレー事件の林眞須美氏は、詐欺師で悪い人だから、殺人もやっているとみられた。このように自己立証能力の低い人が冤罪被害者に選ばれている傾向がある。

そして、そこに**先入観**が入る。前述したような犯人視するメディア報道の影響もあり、偏見や差別意識によって、世論が「あいつならやるよ」、「あいつならやりそうだ」「どうせアイツがやったんだろう」という先入観、「早く捕まえろ！」「警察は何をしているんだ！」という雰囲気になり、捜査機関は世論を追い風にして、冤罪を成立させていくのである。

偽りのレッテル・差別意識による思い込みが冤罪を生んでしまう。捜査機関はそれを逆手に、偏見や差別を被りやすい人をターゲットに犯人に仕立て上げることがある。例えば、前科者、知的障害者、外国人等がそうである。

刑事裁判によって厳格に審理すれば、このようなデタラメは簡単に明らかになると一般の方は思うかもしれない。しかし、現実は実にひどいものである。刑事裁判の鉄則は、「疑わしきは被告人の利益に」（推定無罪）というが、実際には、合理的な疑いを差し挟む程度では、なかなか無罪判決が出ないのが実情なのである。

冤罪を覆そうと思えば、これら全部をことごとくひっくり返すくらいのことができなければ、無罪判決を勝ち取ることが難しい。それが現実なのである。

私には、犯罪報道に対して、これまで書いたような認識があるので、まだ疑わしい段階である人を犯人と決めつけることをすれば、自分自身が二〇〇〇年に味わった、あの警察とメディアに犯人でっち上げの構造を認めることになる。だから、私は絶対にメディアの流れには乗れない。

今回の事件の報道を見ても、本当なのだろうか?という素朴な疑問が出てくるのである。メディアが何を報道しようと、まだ真相はわからないと思っている。さらに、かりに犯人だったとしても、人権は守られるべきだと思っている。

◆裁判官・裁判員の頭の中では

判決文には、最低でも、裁判官の頭の中のこと、つまり、なぜこの証拠や事実を評価したのか、どういう経験則に従ったのかなどを記してほしいものである。そうすれば、後に、その考え方がおかしいと他の裁判官も否定しやすくなると考えるからである。

裁判官の頭の中がわかる発言をいくつか紹介したい。

「もちろん最終的には『疑わしきは被告人の利益に』との原則があるわけですが、安易にこの原則に頼ってはいけないと思います。できるだけ真実の発見に努め、どうしても心証を得られないときに、この原則に従うという態度をとるべきだと思います。私は、司法研修所教官当時、司法修習生に対し、『疑わしきは被告人の利益に』の原則を濫用するなと言っていたのですが、それは、こういう気持ちからなのです」（「司法研修所論集 2003-1　小林充・元仙台高等裁判所長官）

「量刑だけで一件落着というような事件もあるが、なかには、有罪にしようと思えば有罪にすることができ、無罪にしようと思えば無罪にすることもできるような証拠のそろった難しい事件もある」（「法窓余話」・司法協会　坂本武志・元東京高等裁判所部総括判事）

「暴圧とデモと脅迫によって裁判官が動かぬということを世間に知らしめたこともまた貴下の大いなる功績であります。大いに貴下らの労を多とし、謝し、敬意を表します。判決が客観的事実に符するや否やに心を煩わすなかれ、それを真に判定することは天のみこれをよくするのであって、人のことではない。相手方の納得したるや否やについても思いをはせる必要はない。人はただ、自己の誠意と努力の尽くしたることをもって自ら慰め、また満足すべきであります。さらにその先に存在することを求めることは、一種のとばくであることを確信しておられることを期待します。」（手紙　石坂修一・元最高裁判所判事　「真実は神様にしかわからないか」毎日新聞社・後藤昌次郎著より）

「私も、一度も誤った裁判をしたことがないなどというつもりはない。でも、私が慰められるのは、私に誤判があるとすれば有罪にすべき者を誤って無罪にしたと

いう場合に限られているからである。」（「総てを我が心の糧に」日本評論社　横川敏雄・元札幌高等裁判所長官）

「正直なところ、世間を騒がした凶悪無惨な事件については、『真犯人を逃しては・・・』という意識、責任感が、裁判官のこころに重くのしかかっていることが多い。無罪判決の方が有罪判決よりも概して書きにくい、といわれることがあるのも、こんな事情があるからだろう。」（同上）

また、無罪判決を多数出していることで有名な元裁判官の木谷明弁護士が、東京高裁の裁判官だった時代に、裁判体内部での評議の内情を、判例時報No.2261（判例時報社）で明らかにしていた。

「日本中が有罪と信じているこの事件で、どうして裁判所だけが無罪を言い渡せるのか。」（同書19頁注（23））

ロス疑惑殴打事件の東京高裁裁判長が真顔で発言していたという。本来であれば、証拠に基づき、事実認定を積み重ね、検察の立証に疑いを差し挟む余地があるのかどうかを判断するのが、裁判官の論理則、経験則であろう。

しかし、このような発言を見ると、公判の中で真実を見極めようとする意欲に乏しく、報道等による市民感情に裁判官が影響を受けている。

無罪の人、無実の人を有罪にすることについてのプレッシャーよりも、世論と反する結論を出すことにプレッシャーを感じるようである。有罪にすると最初に結論を決めた上で、どのように有罪にするかを考えているかのようである。

日本の刑事裁判は、裁判員制度を含めても多数決なのである。多数決で、しかも自分たちが証拠を評価した理由も言わないで、有罪判決を出すことが出来る。これは、仮に間違えた判決が出た場合に、つまり地方裁判所の判決を高等裁判所で、あるいは、確定した裁判を再審で、という場合にも、裁判官が一体どのような経験則・論理則を用いて有罪認定をしたのかを事後的に検証をすることが出来ないシステムになっているのである。

第3章

40年来の友人にインタビューした

沖見 泰一氏は語る！

第2章で述べたような素朴な疑問が報道だけでは、解決しないので、野崎さんと40年来の友人であり、早貴さんの事も知る沖見泰一氏には話を訊くことにした。沖見さんは、テレビ局や新聞社などからも取材を受けているが、全部を報道することはないし、自社の使いたい所だけに編集されているという。ここでは、取材したほとんどの内容をそのまま掲載している。

◆野崎幸助さんとのこれまで交友関係

――野崎さんとのお付き合い、40年ということですけど？

はい。私が25歳か26歳、同じ田舎の出身で和歌山県田辺市。当時駅前にフィンランドというサウナがありました。今もうないと思いますけど…。そこで夕方になったら集まるメンバーが大体決まっていました。5時半か6時頃に…。そのメンバーの中に当時はドン・ファンこと樫山（野崎）幸助さん、もう、金貸しを始めて少ししたぐらいころかな。

彼の年齢は、私よりも12歳ぐらい上かな。

樫山社長はサウナが好きで、一緒にサウナに入って世間話したりという何人かの常連さんがいる中に樫山社長がいました。のちに野崎さんになるんですけども…。

私も若造ながらサウナなんかに夕方に行っていました。サウナルームで思い切り汗をかいて、いきなり水風呂へ飛び込む。そこで樫山社長がサウナルームの中で水風呂へ飛び込んでひきつけみたいな痙攣みたいなのを起こして、水風呂の中でうつむいたままになったところを、私が助けました。

すぐに、救急車呼んで病院行って、急な温度差で心臓なのか頭なのか血管系なのかわからないけれども…。それでまた10日ぐらいしたら、樫山社長、ドン・ファンがまたサウナ行き出した。そうしたら一緒にいた人が、「おい、この前みたいなことしたら、この人がお前、助けてくれたんだよ」とか言ってくれたんです。

そこで私がドン・ファンさんが、「お礼に焼肉食べに行こうか！」と言ってくれて、ご馳走になったりしながら付き合いだしました。

あの人は職業柄というのか、ほとんど地元での付き合いしている人なんかいないんですよ。

――金貸しは登録してない非合法？

闇金です。40年。それまで訪問販売でコンドームとか売っていたんですよ。それでいくらか金ができて5万とか10万円の小口の貸し付けをやっていたりしながら、少しずつ大きくなってきたんです。

――訪問販売は一般家庭ですか？

農村とか漁村とか、普通の家に行っていました。調べたらわかりますけども。本社が江戸川区小岩にある会社で、訪問販売の先駆けですね。日本では。当時コンドーム、避妊具は薬局とかしか売ってないし、当時の国民所得からしたらえらい高いものだったんです。だからそんなん使わないから、あっちこっちで子どももいっぱいできていました。そのコンドームの訪問販売をその会社が手掛けいて、樫山社長も和歌山辺りの担当として販売をしていました。報酬は歩合でもらえますから、農村とか漁村とか、そういうところへ売りに行っていたようです。

「あなたは月に何回されますか？」とその場で計算するんですって…。だったら、こうしてこうしてったら、1グロスとか、1グロスは、12ダースですよね。144個。「1グロスは、いくらいくらだけど、割引するので2グロス置いてきますから…」

というようなうまいこと言って、結構販売実績が上がったと言っていました。そういうのはうまかったです。

その前に、中学出でくず鉄を拾ってたりしてました。親に勘当されて、家は酒屋さんですけども、家からだされました。そういう大変な思いしながらコンドームの訪問販売である程度の現金が出来て、それを元に金貸しを始めたというのが、あの人のスタートなんですよね。

関係ない話ですが、人命救助というのは、サウナのような管理された場所で中でいくら助けても人命救助にならないらしいです。川とか山とか海とか、そういうところで溺れてる人助けたら人命救助で表彰されるそうですけど、施設の中で助けても、病院で助けても、人命救助にならないということを…。もちろん人命救助なんか私も欲しくないし関係ないけれども、そういうことも言ってくれる人もおりました。

それから、樫山社長と付き合いだしたら、なんか気が合うんですよね。よく焼肉とかお寿司とか食べに連れてってくれたりしながらずっときて、私はずっと政治家の秘書でやってましたから時間的にも余裕があるし、用事がなかったら社長のとこへ行って、どうですかっていうようなこともやっていました。あるいは政治献金とかも事務所にくれたり、そういう付き合いもしていました。

私が東京へ上がってきたのが平成8年（1996）です。樫山社長も裁判とかなんだかんだで月に3回か週に1回ぐらいは東京へ上京していました。南紀白浜空港から羽田に移動していて、私も行き帰りのときに何回か飛行機でも一緒になったりもするし、それやこれやで、ずっと付き合いが続いていました。だからといって、私は社長から金を1円も借りていませんよ。（笑）

その後、貸金業法の規制が入ったんです。特に自民党の徳島の後藤田正純先生なんかが中心になって、貸金業法[9]ができて上限金利[10]が決められて、それで総量規制[11]とかいろんなこと決められて、お金が借りにくくなってきたわけです。

9 貸金業法　1983年（昭和58年）5月13日公布、同年11月1日施行。その後何度か改正されている。

10 上限金利　上限金利は、利息制限法によって15％～20％と定められている。もし、それを超える金利で貸し付けた場合は、行政処分の対象となり、同時に、出資法の上限金利（20％）も超えていれば、刑事罰の対象となる。

11 総量規制　利用者がお金を借りすぎたり、貸す側が過剰な貸し付けを行ったりすることを防ぐために設けられた制度。具体的には、「貸金業者から借入れる金額は、年収の3分の1まで」と定められている。

それと同時に過払い利息[12]というのが、今度借りた人から貸付先に対して請求したりされて、司法書士とか弁護士がそういうことをやったりして、貸金業の状況が変わってきたんです。今までみたいに「高利貸し」といわれるそういうのがもうできなくなって、日本貸金業協会に所属して会員になって、きちんとした生業としてやらなければならないようになってきて、その時の会社が大きくするのに私に取締役、監査役になってくれと言われました。

会社は、何人もいないんです。お手伝いさんともう一人東京の弁護士事務所の人と、私と社長と4人しかいないんです、役員になろうかというような人は、大体心安い人とに頼みたいわけですが、その中に私も入ってたということです。それで監査役になって法定金利を守ったり、いろんな形で貸金業が変わってきた時にも東京の情報なんかも入れてあげたりしながらやっていたんですけどね。過払い金の請求がかなりきましたね。

私は、その頃は、某代議士（国会議員）の事務所でずっと事務所長していました。ある日、平成二十何年頃かな、私がその会社の監査役をやっていることが代議士

12　過払い金利息　貸付元金に対する利息と同じように発生した過払い金元本に対する利息。

の耳にも入ってくるんですよ。

というのはドン・ファンが、「うちの会社の取締役はあの国会議員のとこの筆頭秘書なんだよ」とか言って、過払い利息で司法書士なんか来ても、そういうことで抵抗する。そのときに、僕の名前を結構使っていたらしいんですよ。

だからといって私は「社長コノヤローとんでもない」とか言うこともないし、そうしたらその代議士の耳へ回りまわって入ったようです。

「でも、田舎でえらい長いこと付き合いしている金貸しの社長、酒屋もやっていますが…。そこの会社の役員はしていますけども、そんな使い方をしているとは、知りませんでした」と答えましたけど、「すぐにその役員はもう辞めてくれ！」と言われました。

「こんなことでいろいろと回りまわってうちのこれの耳にも入ったから、私ちょっと法人の役職を抜けさしてください」と社長に言って、すぐに切り替えてもらいました。私の代わりに入ったのが今の元畑です。あそこに勤めていた地元のものが代わったんですけども。何年だったかな、私が辞任したのが。もう7～8年前です。

全国の闇金が全部きちっとした正業としてやっていく時に私が入ったんです。そのようなことがあって、取締役を辞任して、そのあとでもいろいろと東京へ来るたびに社長とは会っていました。電話が掛かってくるんですよ。私のことをオキニイと呼ぶんですね。「また、この日行くから朝飯食おう」というんです。ドン・ファンが大体泊まるのは、昔から、帝国ホテル、ホテルオークラ、リッツカールトン、フォーシーズンとか一流のところばかり…。そのレベルで、特にホテルオークラ、帝国ホテルなんかでは、やっぱり良い部屋へ泊っていましたよ。

——ホテルでは、レストランで会うんですか？　お部屋に行くんですか？

例えば、「リッツカールトンに泊まってるから…」と言われれば、「朝じゃあ、7時半に行きますわ」と言って、朝その時間に社長の泊っている部屋に挨拶に行きます。

「社長、来ましたわ、おはようさん」

「見てくれ。この女、昨夜寝てんや、どうな？」

「いやあ、べっぴんさんですね」

「こんな女、田辺にいないやろ」

「田辺どころか和歌山県にはこんなべっぴんさんはいないですよ、社長！」

こんなやりとりです。もう、それで嬉しいわけです。私に女性を見てもらっただけで…。そういう、なんといったらいいかわかりませんけど、この豪遊ぶりをこのきれいな子と一緒にいるというのを見せたいというか、俺の力を誰かにアピールしたいとか…。そういうのがあるんですよね。

地元にも財閥とか、金持ちとか、山林王とか、名立たる人たちもいるわけです。「そいつらでも俺みたいな真似はようしない」とか言うから、「そうですね」と話を合わせると、もう気分いいわけですよ。

◆早貴さんは今風の女性です

——早貴さんとは会ったことがあるんですよね。

あるよ。結婚する2~3ヶ月前かな、11月頃やから。死んだのが18年5月24日だから、私が早貴さんと初めて会ったのが、その前の年の11月頃かな。それから3回ぐらいは社長のホテルの部屋に行ったら彼女がいましたよ。それから私と社長とその後嫁になった早貴さんと3人で朝食バイキングを食べに行ったんですけど、その時には彼女はスッピンなんですよ。今テレビで映っているように厳ついサングラスして、けばけばしくて悪い、そんな感じではなく普通の若い子です。

さすが社長の好きそうなタイプで、スタイルもこんなんかな、顔つきもこんなんか、やっぱ社長はこういうのが好きだなって思うぐらいです。まず化粧していない状況の彼女とそういう形で何回か会って、ご飯食べたり…。

――野崎さんと早貴さんはどんな感じだったんですか？

特に深い会話にもならないですよ。だって22、23の女の子と70後半のおじいさんとが会話が弾むわけないと思いません？

共通の話題なんて、あれやこれや探して探して探しまくらなければ見つからないし、そういう状況のなかでしゃべったりそんなにしなかったけど…。

もちろん、「北海道から出てきました」「美容師でした」「札幌から東京に…」、そんな話はしますよ。「あっそう、お父さん、お母さんは元気なの？」、「はい。元気です」とか、そんなありきたりの話はするけれど、いろいろの話題は噛み合わないわけですよ。もうスマホばっかり触ったり、そんなことばっかりしていて、今風の子やなと思っていました。
それで年明けて2月か、「俺、あの子と結婚して正式に籍入れたよ」と社長が言うわけですよ。「えー、籍入れて、またえらいことになりましたな。社長の財産、じゃあ持ってかれるん違いますの？」なんて話はもろにしてますけど…。その前に社長が今までの奥さんと別れた。あの時分からちょっと社長が女性に対する態度が変わってきましたよ。

――別れたのは3000万持ち逃げしたとか書かれている方ですか？

それそうじゃない。それはまたあとの人。社長は、女性はいっぱいいるんですよ。モデルクラスSクラスの女の子が…。奥さんは長く一緒にいて、奥さんが野崎という姓だった。ドン・ファンはもともとは樫山と姓だったんですけど、奥さんの姓になったわけ、養子に行って、野崎幸助になった。それは銀座のクラブの売れっ子ホステスで、社長が認めて結局結婚して田辺に住んでいて…。

◆奥さんと別れた後、社長が女性に対する態度が変わってきた？

──奥さんと別れた後、社長が女性に対する態度が変わってきたというのは、どういうことですか？

それまで社長は女の子はほとんど紹介クラブとかで紹介してもらうんですけども、最初の頃は銀座あたり歩いてブランドショップなんか行って30万も50万もするようなハンドバッグを買い与えたり、そんな感じが社長としては良かったわけ…。言い方悪いけど、金や物でついてくる女。

それが奥さんと別れてから、あとがちょっと変わってきたというのは、そういう女性に対して、「俺と結婚しよう！」と言うこと。口説き文句で言うのかな？「俺と結婚したら、俺が死んだらすごい遺産がおまえに入るぞ！」とか言って、そんなこと言いながら、普通は物を買ってやる、おいしいもん食べさしてやる、ええホテルへ泊まろうよとか言うだけで女の子は来るんが、来なくなってきたのかどうかわからんが、その境目の社長の口説き文句が「俺と結婚しよう！」、そういうことを言い出してきて、それに早貰っていう子が引っかかってきたっていうのかな…。

あの人は、100人いたら100人の女性に「俺と結婚しよう！」言いますからね。「俺の財産半分やるよ。あとの半分はどこどこだ」とか、社長には子どももいないしね。もう早い時期に家からは勘当されていたんですよ。兄弟の付き合いもないし。そういう状況だったたな。とにかくそういう女の子、夕べ一緒に寝た女の子を俺に見せたいために、私を朝ご飯に呼ぶわけ…。

◆離婚話があった？

——報道によると、離婚の話がでていたとありますが…。

今回の事件のこと。それで2月に籍入れてもう3月の確か彼岸の頃に。2月に籍入れて5月に犬が死んだ事件の間に3月23日かなんかのお彼岸ってあるでしょ。その時に私、田辺へ帰って社長と飯食って聞いていました。「あの女、全然田辺へ来ないし、もう離婚しようと思ってんだ」と言っていました。

一ヶ月か一ヶ月半ぐらいで、そういうことを言ってましたが、それから四月に入ってから、「また別にいい彼女ができてん。ミスワールドだと。今仕事でヨーロッパへ行ってて、帰ってきたらその子と結婚するんだ」と言うんです。だから、私もう早貴さんと別れるということで、こんなんも書いてるんだと思った。その時に見たのが離婚届。社長の名前と見届け人っていうんだっけ？　下に二人書く。結婚届も離婚届も二人の名前が欲しいんですよ。証人みたいな。それが書いていて、妻のほうがまだ名前白紙だったけども、それを持っていましたよ、4月には。いつだったかわからんけどね。

次の結婚をもう目論んでいた。それもやっぱり結構殺し文句で社長が迫っていったのか、そのミスワールドの女の子、ファイナリストまでいったというぐらいだから、かなりなべっぴんさんな女性とは思うんやけども、この子とは会ってたのか会ってなかったのか、写真と経歴などを紹介クラブは超A級クラスを全部社長に紹介するんですよ。それは例えば、そこから紹介してもらうでしょ。その女の子がホテルの社長の部屋にへ来る、パッてドアを開けたら自分のイメージとちょっと合わなかったら、もうそこで20万か30万渡して、帰ってもらうわけ…。

——来ただけで、20万円ですか？

そう。「悪いね、これで帰ってくれ」と…。その代わりドンピシャに自分に合ったら、もう朝までいてくれ、50万、100万の世界なんですよ。ドン・ファンは、そういうお金は惜しげもなく使うんです。

それはそうですよ。金貸しは、日にちが一日、夜中の11時59分から0時になった時点で日にちが一つ動く。その一日で、もうすごい利息が入ってくるんです。一日一日のそこでそれだけ使ったとしても全然へっちゃらと言うか、ちょっと感覚が違うんですよね。

それがドン・ファンたる所以かなと思ったりもして…。

それと私も何回か羽田空港まで女性を連れて行ったりしたけども…。和歌山のほうで社長も酒販組合とか、いろいろと誕生会とか誰かの忘年会とか、そういうのに呼ばれるときには、そのきれいなモデルみたいな女の子をそこに同伴して連れてきたいわけ…。そういうことは、これ社長は口には言わないけども、私が思ったのは、「社長はこういうきれいな女の子は、社長のアクセサリーの一つだな」と思っていました。これは、私の推測ですよ。

女の人は高級ブランド品なんかのバックとか靴とか持って、一つのアクセサリーで自分をそういう形で高めていくような人がいますが、社長はこれ、女の子をアクセサリー代わりに連れてまわっているなと思ったわけ…。「やっぱり、社長はまた今回はいい女連れてますね」と言うと、「ああ、ああ」と嬉しがる。

ところが女の子の方は面白かったですよ。当時はまだインターネット予約とかないから、切符を買って私がその女の子を迎えに行って、必ず羽田空港の国内便の南紀白浜[13]行きの搭乗口まで連れて行きました。

「これで南紀白浜っていうとこで下りたら、向こうで社長の会社の人が待ってるから、小さい空港だからそこ行きなさいよ」と言って、乗せるとこまで私に確認してくれ！と社長は言うわけです。連れて行って切符渡して…。ある女の子なんか「南紀白浜って四国の向こう？」とか、どこにあるのかわからん、南紀白浜そのものが、東京の女の子は…。そういうとこもあってね…。

東京で社長が気に入った女の子で、「この子ええ、今度の和歌山である会合にこの女連れて行こうか」という感じで、アクセサリー代わりに…。で、「オキニイよ、

13　南紀白浜　南紀白浜空港は、和歌山県西牟婁郡白浜町にある地方管理空港である。観光エリア・南紀に訪れる観光客を中心として利用されている。

南紀白浜空港

ちょっとこの日行くから、ここへ迎えに行って、必ず空港、女の子は行くっちゅうても来ない場合あるもん、こんなじいさんのそんなとこに…」と言って、必ず乗せてくれと依頼されるんです。

こんなことで女の子と私の会話では、「南紀白浜って四国の向こうですか？」とか。「いや違うんだ、四国のこっちなんだ」とか、「必ず下りたら迎えに来てるから…」とか。「南紀白浜空港まで来たら、戻れないから、頼むぞ」と言って…。もちろん戻ろう思うたら戻れるけども…、そういうことをしましたね。

――今回の事件を聞いて、どう思いましたか？

今回のこの事件、社長がもちろん死んだんですけども、3年前の5月24日ですか。警察も来ましたよ。最初は捜査も広げるから、私も関係者ということで、その日はどこにおりましたかとか、わざわざ田辺から東京まで来ていましたよ。その日、私、実は、5月23日に、社長が死ぬ前の日に目の近くに皮膚がんができててね、これを取って骨まで削って手術。片方の目に包帯巻かれて病院に入院していたんです。24日の日は、都立駒込病院で、術後で休んでいるときに、夜、お手伝いさんのスミ姉さんから「社長死んだ」と電話が掛かってきた。「えーっ」と感じでした。「沖見さん、お葬式とかなんとかあるからこっち来れないの？」と言われましたが、「私、実は昨日手術して顔なんかこんなになってるから行けないよ」と言って、もう一人取締役のマっちゃんにも言ったかと聴くと、「まだ言うてない」と言いました。

私4人部屋の大部屋で電話に出て、看護婦さんに叱られながら、電話するのも廊下でもできない、電話をするところまで行かな、病院の中は。ボックス、携帯でも。そこまでこうやって頭ガンガンするなか行かないと…。夜から明くる日、お葬式の段取りどうするんだこうするんだと、どこどこの田辺の一番規模の大きい葬儀屋に頼めとか、そういうアドバイスしながら、どうにかしてお通夜やって葬式をやりました。

どこで記憶の間違いはあるかもしれないけど、そういう状況で24日に社長が死んで、私が23日に手術してて病院入院していた。そのあくる日にお通夜かなんかやっ

たんかな。25日だっけお通夜は？（注：遺体は解剖されたため、通夜は5日後の29日に執り行われた）

――現場はどんな様子だったんですか？

はい。最初に「社長が具合悪いから…」と119番したんですって…。電話したのは、スミ姉。119番して救急車呼んで、救急車が来た。その時はおそらく心肺停止、それはオフィシャルな記録は残っているでしょうけど…。

急性心不全とていうようなそういう急死っていうような形。救急車でまず病院に連れて行ったのかな。心肺停止の状態でも今連れて行って病院内で死亡が確認っていう、そのへんは記憶がぼやけているけど…。で、警察もそのあと来たわけ。外で死んだ場合には警察にも報告しなきゃならないから、検死とかいろいろあるから…。

◆初動捜査に問題があった？

――で、24日、家宅捜索になったんですか？

26日だと思う。和歌山県警が容疑者不詳の殺人容疑で野崎さん宅や会社事務所を家宅捜索[14]したと思う。解剖もあったしね。二日か三日経っていると思う。

ここで、私は、一つ疑問があるんですよ。

その26日の家宅捜索がほんとにあったかどうか？ということなんです。私が聞いたのは、警察官がどの警察官か名前はわからんけども、「遂に社長もくたばったか」とか「年貢の納め時で死んだか」というようなことを言っていたようなんです。酷いわね、ということはスミ姉が私に言っていたんです。

——ということは、事件ではなく、事故とは思っていたんですかね。

あの社長は、何かあったら警察へ怒鳴り込んでいったり、俺とこの土地にどこどこの境界線でこうしてゴミ捨てられた、と警察に怒りに行ったりしょっちゅうしていましたから…。警察としては、もううるさい市民だったんですよ。そういうこと

14　家宅捜索報道によると、死亡が確認された。行政解剖では体内から致死量をはるかに上回る覚せい剤成分が検出され、26日県警は覚せい剤を飲ませて殺害した可能性があるとみて、自宅や会社などを家宅捜索していた。どれくらいの時間がかかったのかは報道からは不明。6月20日の家宅捜索は、大雨のなか朝8時から行われ約12時間にも及んだ。

もあって、遂におっさんくたばったかみたいな感じで、一日か二日してから、でも四〇〇〇人の女を抱いたドン・ファンというような本[15]も出ているし、まあ念のために法律上、行政解剖しなくてはいけないし、とりあえず解剖して、これはもう急性心不全でチョンっていうような…。だけど、念のために一応、血液検査も…。あとあと騒がれたら大変だから腹切っとけと…。最初は、警察も殺人事件とは思っていない。

明らかに事件で、頭でも傷あったりしたらもう、家族の了承もなしに司法解剖するけど、家族からも何もないしね。

行政解剖で腹割ってみたら、胃の中から致死量以上の覚せい剤が検出されたとなって、それから動き出した27日か28日や。そこで一日、二日の空白があるわけ…。それと私がその状況を病院で聞きながら、これはもし事件だったらというか、事件になってからやけども、あの時の田辺署の初動捜査は全くなってないと思いますね。まず現場保存ですよね。誰も入れさせないようにそのまま押さえて、全部鑑識からでワーってやるべきでしょ。よく、テレビドラマを観ててもやってるじゃん。

15 『紀州のドン・ファン～美女4000人に30億円を貢いだ男』（講談社　野崎幸助著）

まず現場保存、地元のおまわりさんのやるのは。それから専門家が来て調べて、そういう手順でやっとけばよかったんですけども…。

これ警察官に対してあれじゃないけども、大体田辺署だったらせいぜい窃盗事件といっても梅泥棒とかね、死んだっていうても川で水死、海で死んだ死体を検死したとかっていうぐらいで、あるいは交通事故で、死亡事故もこれも何年に一回かですよ、そのぐらいでまず殺人とかなんとかしょっちゅう東京みたいに起こってるもんじゃないんですよね。それこそ和歌山県内で毒入りカレー事件もやったけど、田辺署ではない。そのへんの甘さがあって初動捜査が…

——カプセルで覚せい剤を飲ましたのではないという報道もありましたが？

それとまだ言えば、腹割って出てきた中に覚せい剤があったらしいけど、絶対社長は覚せい剤とか体に悪いものはまず自分には使わない。ED剤[16]があるじゃん。シアリスとかバイアグラとか、そういうのも絶対飲まない人なんですよ。

16　ED剤　ED（勃起障害・勃起不全）の治療薬

転　載　可

田辺警察署の犯罪情勢（令和3年3月末　暫定値）

	認知件数	前年比		検挙件数	前年比		検挙率	前年比	検挙人員	前年比		うち少年	前年比	
刑法犯	49	−26	(−34.7%)	42	+7	(+20.0%)	85.7%	+39.0	22	−4	(−15.4%)	0	−5	(−100.0%)
街頭犯罪	22	−8	(−26.7%)	12	−1	(−7.7%)	54.5%	+11.2	10	±0	(±0.0%)	0	−2	(−100.0%)
重要犯罪	2	+1	(+100.0%)	2	+1	(+100.0%)	100.0%	±0.0	2	+1	(+100.0%)	0	+0	−
侵入盗	3	±0	(±0.0%)	12	+7	(+140.0%)	400.0%	+233.3	2	+1	(+100.0%)	0	+0	−

※注1「街頭犯罪」は、路上強盗、暴行、傷害、恐喝、自動車盗、オートバイ盗、自転車盗、ひったくり、車上ねらい、部品ねらい、自動販売機ねらい、強制わいせつ(街頭)、及び器物損壊をいう。
※注2「重要犯罪」は、殺人、強盗、放火、強制性交等、略取・誘拐、及び強制わいせつをいう。

○ 多発罪種・手口

順位	罪種・手口	件数
1	色情ねらい	6件
1	器物損壊	6件
3	万引き	5件
4	暴行	4件
4	傷害	4件
6	部品ねらい	3件
6	詐欺	3件
8	自転車盗	2件
8	置引き	2件
8	車上ねらい	2件
−	その他	12件
計	総数	49件

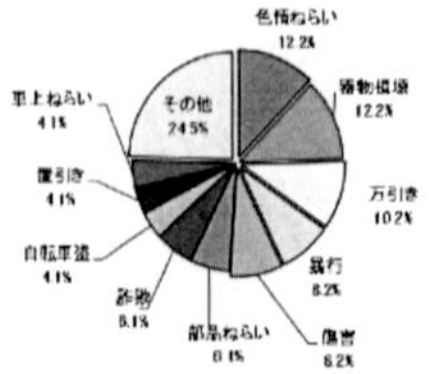

○ 刑法犯・街頭犯罪認知件数の推移（H23～R2）

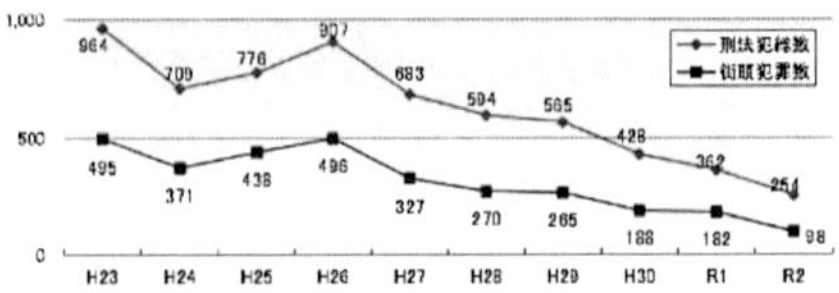

○ 主な増加罪種・手口（前年比）

順位	罪種・手口	件数	増加数
1	色情ねらい	6件	+6件
2	部品ねらい	3件	+2件
3	放火	1件	+1件
3	傷害	4件	+1件
3	オートバイ盗	1件	+1件

○ 主な減少罪種・手口（前年比）

順位	罪種・手口	件数	減少数
1	万引き	5件	−7件
2	器物損壊	6件	−6件
3	自転車盗	2件	−4件
3	占有離脱物横領	1件	−4件
5	事務所荒し	0件	−3件

○ 市町村別犯罪率（ワースト順）：R1.10.1人口推計

順位	市町村	人口	認知件数	犯罪率	前年順位	前年犯罪率
−	総数	923,721	758	0.82	−	1.01
1	岩出市	53,566	62	1.16	3	1.33
2	和歌山市	355,825	399	1.12	2	1.35
3	御坊市	23,246	25	1.08	10	0.94
4	九度山町	3,979	4	1.01	24	0.23
5	かつらぎ町	15,961	13	0.81	11	0.90
6	白浜町	20,470	16	0.78	19	0.47
7	広川町	6,742	5	0.74	27	0.00
8	紀の川市	59,208	40	0.68	4	1.31
9	湯浅町	11,340	7	0.62	17	0.50
10	海南市	48,846	30	0.61	18	0.49
11	有田川町	25,472	15	0.59	20	0.46
12	橋本市	60,885	35	0.57	14	0.71
13	田辺市	70,410	40	0.57	12	0.90
14	印南町	7,626	4	0.52	27	0.00
15	紀美野町	8,311	4	0.48	26	0.11
16	みなべ町	11,886	5	0.42	23	0.32
17	由良町	5,321	2	0.38	25	0.17
18	新宮市	27,214	10	0.37	6	1.18
19	高野町	3,038	1	0.33	5	1.22
20	有田市	26,434	8	0.30	15	0.54
21	美浜町	7,020	2	0.28	9	0.95
22	那智勝浦町	14,315	4	0.28	21	0.39
23	串本町	15,093	4	0.27	7	1.05
24	日高川町	9,293	2	0.22	16	0.52
25	上富田町	15,043	3	0.20	22	0.33
26	日高町	7,667	1	0.13	27	0.00
27	すさみ町	3,700	0	0.00	1	1.50
27	太地町	2,848	0	0.00	8	0.98
27	古座川町	2,546	0	0.00	13	0.73
27	北山村	416	0	0.00	27	0.00

※　赤字は、前年より犯罪率が増加。

田　辺　警　察　署

自分の体に悪いって…。毎日飲んでいるのは私も飲んでますけど、キューピーゴールド、あれを一回一錠と書いてあるのを毎晩二錠飲んで寝る。

そうしたらその日の疲れがあくる日の朝にはなくなっているということで、キューピーゴールドは常備薬として、いつも持っていましたよ。健康にはものすごい意識が高くて、主治医というか、お抱えの病院が東京築地の聖路加病院なんです。

でも倒れた時も聖路加病院、どこが悪なっても聖路加病院、歯の治療も聖路加病院。聖路加病院は高いけれども、かなりのレベルの医療機関でしょ。そこなんですよ。昔、東京で倒れて、江戸川区のなんとか病院に運ばれて、それで連絡きたんですよ。私が病院に行ったら、社長が軽い脳梗塞かなんかで倒れて、「オキニい、聖路加病院連れてってくれ」と言って、「野崎幸助さんいうのが倒れて江戸川区の病院ですけども、そちらのほうに行きたいと言っているんですけど…」と連絡してもらったら、「来てください」なって、手続して、最初の運ばれた病院から聖路加病院へ運んでもらいました。そんなこともしましたよ。もう15年ぐらい前かな？

そのぐらい自分の健康には気をつけてました。あの106歳の聖路加病院の日野原先生の本を読んだりね、健康は一番だとか言って…。

だからそういうバイアグラなんか絶対使わないし、ましてや覚せい剤なんかを打つとか、タバコも吸っちゃいけない。「俺の2メートル以内でタバコ吸うな！」と、今のコロナ過のソーシャルディスタンスをその時に言ってたもんね（笑）。

ところが、タバコの自動販売機なんかも結構持っているんですよ。それはなんでと言ったら、そこにお金貸してたけども返してくれない。それなら、借金のかたに自動販売機とかタバコの販売機でも取っちゃうわけ。そんなんで、そこへ小銭を持って回るのが社長は一番の楽しみなわけ、借金で取った自動販売機、そこへ100円玉入れてお釣り入れて、「ああ、今日はいくらだ」とてずっと回っていくんですよ。それが社長の大好きな仕事の一つ。あれだけ大きなお金を扱ってのにね。

だから体に悪いことはしないから、まず覚せい剤なんか使うわけは、私はないと言い切れるし、ましてやそんなものを口から飲むこと自体が、カプセルに入れようとそんなものを口から飲むこと自体が社長は自らではないと思いますね。

――精力剤だと言って、奥さんが飲んでと言っても、飲まないような人ですか？

カプセルに入れても、これで健康にいいよとか、下半身元気になるよといって飲まない。絶対に飲まない。それを差し出す人たちを、まず信用しない。早貴さんでも信用しないですよ、もうね。もう別れると言っているんですから、信用なんてしない。

もっと言うなら、そんなもん、何を混ぜられているかわからんとか、心臓止まるような薬かわからんとか…。

トリカブト保険金詐欺事件[17]やないけども、あれは徐々に悪なってくるかも、そんなの何が入っているか、わからないじゃないですか？そんなことばっかり気にしていて、彼は人を信用してないからね。

だから、覚せい剤を飲んで胃の中から出てきたと言うけども、「おいおい、和歌山の解剖、大丈夫かよ！」と私は思いましたね。「何か何かがくっついたら覚せい剤の成分になるのものあるんじゃないの？」と思ってしまいますよ。わからないままに覚せい剤の成分になるというのは、ないんですかね。味の素と食べるラー油ともう一個なんか引っ付けたらそんなことなるかもわからん。それを覚せい剤と思っ

17　トリカブト保険金詐欺事件　1986年（昭和61年）5月20日に発生した保険金殺人事件。凶器として、トリカブト毒（アコニチン）が用いられたことが大きく報じられたほか、「司法解剖を行った医師が被害者の血液等を保存していたため、その後の分析で殺人であることが発覚した事件。解剖した医師が、フグ毒とトリカブト毒で拮抗作用が働くことを突き止め、犯人のアリバイが崩れた。

たのかどうなのか、そこは向こうがやったことやから、証拠にはなるんでしょうけども。

なかなか起きないことが起こった事件で、これだけ混乱している?と思うんですよ。

――なんで、お亡くなりになったっていうのはわからないということですか?

死因ですか?一応、心臓になっていますけど、覚せい剤中毒によるなんとか…。

――それは捏造の可能性や間違いの可能性もあるということですか?

なんていうか、いろいろ考えたら、実際に覚せい剤成分が出てきたとしても、飲んだの?飲まされたの?という疑問が湧くわけ…。その時点で1パーセントか2パーセントの疑問が出てくるよね。それから愛犬イブの死とかね、前の前の前ぐらいに付き合ってた女の子が覚せい剤中毒だったんですよ。その子があっちこっちへばら蒔いていたのは、あとで検出したかもわからんし。

まだあるんですよ、覚せい剤絡みで。今の段階で、もし早貴さんがその覚せい剤を持っていても「覚せい剤所持」だけで、使用もなければ、初犯だったら執行猶予、しょんべん刑[18]ですよ。そのぐらいで、でも、もちろん罪人ですけども。こういうこと考えられるわけ。

社長は今言ったみたいに、自動販売機でもタバコの販売権でも、全部借金のかたに押さえたでしょ。金を貸したのが返ってこなかったら、家を押さえた、土地を押さえた、山を押さえた、車も押さえた、ダンプカーも押さえた。

そこでまた社長が賢いのは、押さえておきながら、またその者にそれを貸して使わすんですよ。所有権は自分の名前になったけども、車なんかでもそのまま乗っとけよと…。その代わり月15000円くれよと言って車代をもらう。

例えば、覚せい剤を扱っている連中、いわば悪い人たちにも社長は金を貸します。貸したけども取り立てできないとなったら、「お前ら扱っているシャブ、こっち持ってこい！それで俺、金に換えるから…」と言って、そういうのを家の中に持ち込む可能性もあると私は思うんですよ。

そういうことはへっちゃらでやっちゃうから…。悪いもんであれなんであれ、金

18　しょんべん刑　数年程度の軽い懲役刑のこと。小便している間に終わるくらいの短い刑からこう言われる。

になれば…。ヤクザでも金が戻せないんだから、「持っている品物持ってこい！」というようなこともある。それと、それを取りに行かすのに早貴さんに駅前のどこどこにこんなんがいるから、ちょっと品物預かってきてくれと頼んで、それを早貴さんが取りに行って、で、社長に預けたかもわからんとか、いろいろなパターンが考えられる。

そんな中で、よく報道されているように公判が検察サイドからの見たストーリーで公判が持ちこたえられるのかということ。よしんば早貴さんがそれを購入したとしても所持だけで終わっちゃうじゃない。殺人はないよ、となる。どう立証するのというこことになってき出すから、この裁判はエキサイトすると私は思っているんですよ。

——覚せい剤の入手ルートがあっても、要はそういう人たちは反社的な人ですよね。

そう。そういう人たちを信用するということになる。その人の供述を警察が聞いて、それで裁判できるの？その人を逮捕しないとだめですよね。見逃して、今、泳がしているのはないですよ。

それよりも、そんなことが漏れ伝わること自体が、それ以上の頭のいい人が警察の陣頭指揮でやっているとは思うけども、シャブの売人から情報を得て、早貴さんを逮捕した言うたら、それはもう裁判にならんですよ。検察は弁護士から、なんて言われるかわからへんよ、。

――当時の報道では、家政婦さんも怪しいとか、二人がつるんでたんじゃないかみたいな報道もあったんですけど、家政婦さんは長いんですよね？

高校が同じ田舎なんですよ。私よりも二つ上の姉さんでね、最初から銀座のクラブなんかのホステスやったり、最後には六本木で店を持ったりして、それなりに成功したおばさんなんですよ、もう70歳やけども。スミ姉という呼んでいますけど。この人も社長と付き合い始めてから長かったね。もう私ぐらいの長い付き合いで、最後にスミ姉が社長の世話し出したということで…。そのスミ姉が社長を殺しても一銭にもならないですよ。動機と、ものすごい憎悪とか恨みとか男女の関係とかなんとか、そういうのがあって殺意に結びつくんだけども、「社長、このばかおやじ、早くくたばれ！」とか言っていても殺すまではいかないですよね、口では言うけども。その程度なんですわ、おばさんも。
元恋愛関係にあったとかは、それはわからんけども、それはなかった思うんやけども…。

――信頼してないと自分の周りのお世話をさせないですよね。脳梗塞やって、垂れ流し的だったという報道にはあるんですか？

それは本当。もう社長トイレ行っても、お風呂入ってもうんちがそのへん落ちていたり、もう全部私それやってんのよ、と言ってました。そういうのをスミ姉さんがやっているから、もう本当に家政婦さんなわけですよ。
ところがその家政婦が六本木の交差点の脇のマンションに住んでいること自体が今回の事件のキャラが立つっちゅう一つなんですよね。

――相当なお金をあげているってことですか？

うーん。お金そんなにもらってなかった。ケチやから社長。食べれるようにしてもらってたという、過去に。そのお礼かもね。これは防衛庁でリッツカールトンのこっち側のとこでスナックしてたからね。結構、はやってましたよ。

——今回、スミ姉さんも早貴さんも、和歌山に行っていたということですけど、それはお金をもらいに行っていたんですか？

あのときは早貴さんもそうやけども、ずっとあの人は月のうち10日ぐらいはお手伝いで身の回りの世話行っていたんじゃないかな。事務所の女の子もいるんやけど、事務員も、もうみんなしたがらないんですよ、社長の世話。もちろん、嫁はそんなんしないし。

——野崎さんは離婚したがっていたのに、早貴さんは離婚に応じてなかったということですか？

だからそのへんがわからないんですよ。社長がそのペーパー（離婚届）を早貴さんに見せて早貴さんに迫ったのか、よしんば迫ったとしてもそんな22、23の女の子が離婚の紙そのものも初めて見る感じやし、これが何を意味するかというのはわからないと思うんですよ。

離婚を迫まれて、離婚に応じて慰謝料もらうのも手だと思うんですよ。人を殺めなくても、そこそこの金は社長くれるんですよ。慰謝料で悪いけど、今度また好きな子できたんだ、早貴悪いけどもう俺と離婚してくれ。その代わり3000万やるよと言うような社長やから。だから殺してしまうまでしなくても…、本当に。

――今回、覚せい剤と殺人の同時逮捕じゃないですか。普通、覚せい剤で逮捕してから、別件で入って、殺人はあとから持ってくるかなと思ったら、同時にきたというのは相当自信があるのかなと思ったんですけど。

そうだね。それまでに覚せい剤もやけども、早貴さんが勝手にというか、代表取締役になって、取締役会も開いてないのに開いたようにして、嘘の商法のそういう背任行為とか、あるいは会社の金を着服とか、従業員からそういうことで訴えられている。訴えられている、第一報を聞いたときにそれでつかんだのかなと思った。ところが、いきなり殺人と覚せい剤やから、その次に使うものが覚せい剤、その次に殺人でやってれば、23日×2の期間、身柄押さえられるんですよね。その終わり頃にまた再逮捕して。

――2～3ヶ月押さえられますよね。

今、すごい状況なんですよ、自白の強要というのが…。

袴田事件[19]の袴田さんでもそうやし、みんな昔は蹴って殴られて、辛くて辛くてやってないのにやりましたと自白。これがまた再審になってきたりしているけども、今は、それをやめろということで、ご多分に漏れず「事情聴取の可視化」をやってるけども、もちろんカメラの前で、蹴ったり殴ったり、あるいはお母さんが泣いてるよか、あるいは同じように捕まったやつがお前のことをは犯人だと言ってるよ、どうなんだお前と、そういう自白を強要したらだめなんですよ。法と証拠に基づい

19　袴田事件　1966年に静岡県清水市（現・静岡市清水区）で発生した強盗殺人放火事件、およびその裁判で死刑が確定していた袴田巌元被告人が裁判のやり直し（再審）を求めている事件。2014年3月27日地裁が再審開始と死刑及び拘置の執行停止を決定した。2018年高裁で再審請求が棄却された。特別抗告審が行われ、2020年12月22日に最高裁から高裁へ審理が差し戻された（現在、審理中）。

て、自白を迫らなければならないのに、椅子を蹴飛ばしてドーンと転んで、よくそんな映画の中でもあるじゃん。そんなことはできなくなっているのは可視化でなっているんですけども…。

そこで早貴さんがおそらくこの取り調べ期間中に自供したとしても、法廷で「実は私、あの時に言ったのは違って、私は殺してません」と言うのじゃないかなと思っています。「じゃあ、なぜあなたはその時に殺したと言ったの?」と訊かれたたら、ここでなんですよ。「私を調べていた刑事さんものすごく目が怖い目してて、もう震え上がって、この震えから逃れるのには私がやったと言うしかなかった」とか、その目が怖かったと言うだけでも供述ひっくり返せるかも。その目までは可視化で見えないよね。面と向かっておまえやったんだろうとか、「早貴!お前な!」とその厳しい目で見られたら女の子は震え上がったと…。だから公判維持できるのか疑問なんです。往々にして、裁判で自白を否定する人いるじゃないですか。

——今のところ、黙秘している感じに報道からは見えるんですけど…。

今（※取材時は、起訴前）は、黙秘やけどしゃべるかもね、それはわからん。

女性でも高校出て専門学校出て20歳。22でもう社長の嫁になったこの2年間ぐらいで…。

一般論ですけど、女性の苦労は、シングルマザーで子育てをしたとか、親戚・兄弟からも見放されたとか、あるいは男に騙された、男が浮気した、他に女つくったとか、信用金庫の金を盗ったとか、合法的になんとかして、そういうことになるまでは何年かかかるわけ…。

学校出て2年やら3年ぐらいで、そこまでの苦労は、金に対する苦労とか、そういうのはまだしてない年数しか経ってない、社会出てから。あれもこれもグジュグジュになってきて、いよいよ犯行に及ぶとか、自ら命を絶つとか、いろんなケースはあるけども…。だから今のシングルマザーでも大変だ､コロナで大変だっていう、そういう辛い体験をして、初めて人っていうのは人を殺したりすると思うんやけども、あの子の場合はそこまでいってないよ。

◆私も取材受けました

――ＡＶに出ていたとか、ホスト通いをしていたと報道では言っていましたが、彼女のバックに誰かついていたっていうのはないんですかね？

それはわからんね。わからんけども、今テレビなんかでやっているのはとにかく視聴率を取りたいというか、ＮＨＫ以下、全部民放が早貴さん、ドン・ファンのこと追っかけているんですよ。

コロナのなかで一番大変な時期で、オリンピックの開催か中止かなど、国民の関心があるにも関わらず、なぜテレビが今回のこのドン・ファン事件のことを報道して、視聴者がそれを視るのかというところにも、疑問を感じる。

視聴率を稼ぐために、だから彼女がホストクラブ遊びとか、あるいは海外移住整形とか、今度は高校時代がどうだった、専門学校時代がどうだったって、早貴さんが犯人に結び付くようなコメントばっかりを報道しているわけですよ。

――沖見さんもテレビに出ていましたね。

私の報道もこの前30～40分ぐらい、インタビュー受けた。制作会社の若いディレクターが来ましたよ。とにかく私から早貴はとんでもない女や言わせたい。40年来の私が言うんだから間違いないと…。社長はいつもそれで悩んでいたとかいうコメントを取りたいために、同じ質問ばっかりする。ところが私は、「あの子がそんなことするとはまず思えない」「容疑者と犯人との違いをあなたはわかってんですか？」と、逆に私が彼に訊く。彼は、聞き出したいコメントを私から取れないものだから焦ってきて、それを見てた社員も笑い出しましたよ。

「また話は戻りますけども、ところで沖見さん40年来の付き合いで、早貴さんのことは、まずどういう印象持たれましたか？」と繰り返し訊いてくる。「あんな虫も殺さぬような、かわいい女の子が人を殺める。毒殺せしめる。そんなことは絶対しないと思うような子だった」と私がまた繰り返し言うわけですよ。だって、これが本当の感想ですもん。

こんなやりとりばっかりだから、帰ってから、上司に怒られたんちゃうかな？それを一部放送に使っていたから、テレビ局もこの流れ、あるいは来週の流れ、連休明けぐらいの流れ、捜査の状況の流れで、切り口が変わりそうな感じがしましたね。

早貴さんは、美人で、若い良い娘さんみたいなタイプ。正に社長のタイプですよ。スラッとしていて、ちょっとグラマーで、髪が長くてべっぴんさん。だからピンポーンって女の子が部屋へ来たら、即部屋に入れますよ。紹介クラブから派遣されたって、髪が短かったら、もう即、帰ってもらうんですよ。背が低かったら、即、帰ってもらうんですよ。プロフィールはみんな当てにならんからね。

――沖見さんとすれば、一番の疑問は、会って話した感じ、あの子がこんなことする？　と思うんですよね。

そう思うし、それと、このメディアの報道の仕方には私は非常に異議というか、これでいいのか？と思っています。

まず、容疑者の段階でいきなり実名報道、実名であの子の親戚とか親とか兄弟とかも札幌かどっかにいるんでしょうけども、加害者家族ですよ。よく考えたら報道は慎重にすべきだと思いますよ。まだ、容疑者で犯人ではないと言ったところで、ああいうように報道されていたら、国民がみんな早貴さんが犯人だって、あの子が悪もんになっていますよ。

――先程、野崎さんが勘当されていたということですが、お葬式には親族が来てたっていうのが矛盾しないのでしょうか？

いや、それはお兄さん、豊吉さん。豊吉さんの奥さんは社長の義理の姉ですけど、田舎ですから酒屋してるし、だからなんだかんだ言っても血が繋がっているしね。勘当されていても、兄弟としてはそれなりの関係はあるだろうしね。

そんな都会のような家族で、あるいはお金持ちで兄弟が仲悪くて結局葬儀にも来なかったって、そんなことは田舎では通用しないんですよ、村ですから。

でも、お墓は入れないよとかあって、別のお墓つくったり、そんなことはしてますけども…。

◆背任と遺言書

――小さい会社だと取締役会を開かないで開いたことにするというのもよくありますよね。

普通ですよ。でも、一応商法上では取締役会を開かないといけない。だから、社長死んだあと、誰を代表取締役にするかとなったときに、嫁さんになってもらおうかというようなことでしょうね。でも、他の取締役は。招集もなかったし、そういうことやった覚えがないというんです。

――確認もなかったということですか?

弁護士がやっていることだから、招集はしているとは思うんですよ。どういう方法か知らんけど、電話でしたのか、手紙でしたのか、メールでしたのかわからんけども…。

彼女の周り、殺人事件以後も、悪い人がやっぱりいるんですよね。弁護士であったり、特定の記者であったり。これがもう最初から、彼女をマークしているから、それが余計煽ったような感じだと思いますよ。

一周忌法要の時に、私、彼女の弁護士と、電話でちょっと揉めたというか…。「早貴さんの代理人ですね。一周忌法要はどのように執り行うんですか?」と訊いたんですよ。

「私らの仲間とか社長の知り合いの人たちも大騒ぎになった関係で、法要もできなかったけども、ちょっと落ち着いてきたからみんなで集まって、終わってからちょっと一席自分たちの会費出し合って、社長を偲ぶ会もしたいなと思ってるんですけども、早貴の代理人としての弁護士先生はどうですか？」と言ったら、なんといったと思います？

「私どもは、この件については一切タッチしてません。私たちが契約しているのは、社長の遺産を相続するということに関してのみ請けてまして、お墓がどうとか、法要がどうのとかいうことは、一切タッチしていませんから、申し訳ないですけども私どもでは対応はできないです」と答えたもんで、なるほど弁護士だなーと思いました。

――今、民事では会社の取締役が早貴さんを訴えていますよね

会社の取締役の監査役が、着服したからそれを会社に戻せと…。

――遺産でも揉めているようでね？

遺産は社長の書いたという遺言が出てきた、2ヶ月してから遺言書が…。全額田辺市に寄付すると。頼むと言ってマッちゃんに託したわけ。取締役のもう一人のマッちゃんというのがいるんですよ、四谷の弁護士事務所で勤務している。私もそれ会社で見ましたけども、これが2ヶ月ぐらいしてから出てきて…。

――なんで2ヶ月間経つんでしょうね？

忘れてたんやて。

――えー！ 13億で忘れないですよね。

もっと、30億ぐらいあるよ、何もかもで。遺言執行人であれば忘れないと思うよね。それがなぜか私とこへ電話きてね、「実は沖見さん、こんなん社長から預かってんの思い出したんだけど、ちょっと会ってくれる？」と言われたので会いに行ったら、「これなんだよ」とて見せられた。これ社長の字の遺言書で赤ペン書いている。あの人は、この赤ペンばっかり使うんです。なんでも赤ペン。社長の字に似ている。

これを預かっていたと言う。「これじゃ、田辺市に全額寄付するったら、どうすんのこれ？ 裁判所に持ってくの？」と訊いたら、「検認」という手続きをすると言ってました。

それで、「こういうのが出てきました」というのをまず和歌山簡易裁判所田辺支部が認めたそうです。その検認作業に行こうという時で、もう8月末だったですね。これは確かに遺言書らしきものとして認めましたと。それを出した。

田辺市はそれをもってすぐに動き出した。社長の家ももう名前変えたり、名義変更したり、死んだ日で。それするのに田辺市は1億8000万円という費用を計上して、大阪の弁護士雇ったわけ。これらも成功報酬でそうになる可能性もあるけども、そのうち1億2000万円が弁護士の報酬、あと6000万は諸々の費用として、1億8000万円を議会で決定したわけ。これもね。

——公正証書になってないわけですよね。

なってない。正式なものではないわけですよ。ないけども、そこで検認して、次に今、裁判やっているんですよ。裁判は、今、コロナ禍でスピードは止まっていますけども、果たしてこの筆跡鑑定は死んだ社長のものかどうかということを、今オフィシャルで鑑定している。なんか聞くところによると微妙に社長の字と違うところが出てきているらしいですよ。

これがもし早貴さんが犯人であれば、遺産相続できない。殺人者だから、遺産の権限を取られます。田辺市も遺言書は本物とは認められないとなった場合に、社長の残した30億とも20億とも18億ともいうあの遺産はどこいくんだろうと思いますよ。

もし、そうなったときにまた計算方法があって、ほとんどいくとこなかったら国庫に吸い上げられる。受益者が誰だって話になる。嫁でもあって、田辺市でもあったけど、これも全部ダメだったら、最後に国が受益者になる。そうなると、「国家ぐるみの犯罪」という線もくるのかな。

——同じ和歌山県で起きた和歌山毒カレー事件でも、警察・行政、国ぐるみの冤罪という主張もありますよね。

そうです。あの事件の林眞須美さんに、近いと感じています、あの子に。あの子のいとこが私の部下だったんですよ。箕島で、和歌山県有田市で。

和歌山毒カレー事件の初動捜査は問題があったと思うんです。県警によるやっぱりレベルの差があると思うんですよ。和歌山の捜査レベルには批判はありますよね。詳しいことはわかりませんが、私がピンときたのは、梅泥棒捕まえるにも捕まえられないような田辺署がこんな事件を解決できるのか？ということです。

今年の3月でキャリアかな、田辺警察署の署長が県警の元刑事一課長。一課長が所轄の署長になったらしいんですよ、

これは、もう未解決事件なんかにしたら名が廃るとなりますよね。

◆誰が一番得をするのか？

――こういう事件を考えるときに、誰が一番得をするるか？　利益があるかを考えるといい、といわれますよね。誰が一番得をするんでしょうね。

早貴さんからすると、離婚して、慰謝料でお金もらうのが一番安全ですよね。そら、もう一番も二番もまず人を殺めること自体が自分として得か損かと言えば、人をよう殺さんというのが普通の人間と思うし…。

ましてて、覚せい剤は死ぬ保証がない。殺すために必要な分量もわからない。分量もわかんないから、自分で考えられないし、カプセルに入れるとしても、どれくらい入れたらいいかがわからない。入れるときに、どこで入れるかもあるし、自分が吸っちゃうかもしれない。そうしたら、誰かがバックがいて、「これを飲ませろ！」と渡されても、離婚話が出ていて、怪しまれているから、カプセルを飲ませることが難しい。

だから、ちょっとこれ、まず物証で落としていくのは難しいと思うですよ。じゃあ、何があるんだって考えても、出てこない。

これだけ近くにいて、今まで仕事でも携わってきた者としては、あとこれ物的証拠最優先でやってほしいし、警察サイドは、あと何の物的証拠を持ってるんだよ？と思っているわけ…。

――状況証拠しかない？　和歌山毒カレー事件と同じように。

それと今から半年ぐらい前かな、もうコロナ、コロナとなっていたけど、警察と検察は早く早貴さんを身柄を捕りたいんですよ。そのために裁判所へ逮捕令状の請求にするんだけども、裁判所はノーだと認めなかったそうですよ。

――それはどこからの情報ですか？

それは田辺のほうから漏れ伝わってきた。もう逮捕したいんだけども、裁判所が令状を出さない。だから今回の逮捕状はどの時点で出したかって、一説には4月20日に逮捕状を出したっていう話もある[20]んですよ。逮捕状出たらすぐ今からでもすぐに捕りに行くのが普通ですよね。そこでまた私の疑問が残るのが、逮捕が4月28日ですよ。

25日の日曜日、田辺市の市長選挙・市議会議員選挙の投票日だったわけ。18日が

20　逮捕状発布日　今月26日に逮捕状を請求とある。

告示日。あのへんは4年に一回の首長、市長と市会議員の選挙は、結構田舎だから選挙は湧くんです。対抗馬も出るし。あるいは、おらが地域から議員も出ているし…。

それが、選挙が終わってから逮捕している。それはなぜかといったら、仮に20日の日に令状出て、21日にパク（逮捕）ったら、もうそれだけで、選挙では対立候補は、「これはどうするんだ？　1億8000万円も予算計上して、弁護士雇って。これで遺書が偽もんだったらどうするんだ！」と選挙は荒れますよね。

だから捜査当局のほうは20日に、実際に令状が出た日にちはわからないけど、私らが聞いている話では、20日に令状が出たら25日まで待てという指令が出ていたかも。市長選挙・市会議員選挙に影響を及ぼすから待ったのかなと思っている。

吉田隆氏が書いた情報で講談社が出したけど、早貴さんが海外逃亡、高跳びの可能性があると…。これが連休かもわからない、だとしたら、Xデーはこの26、27、28日だったんですよ。

吉田氏の情報がすべて本当である保証はないですよ。その裏を警察は取っているんですかね。早貴さんと、吉田氏は、全く性格が合わないですよ。

◆視聴率か、人権保障か

――テレビ・新聞、ネットなどの報道だけでは、何か真実かわかりませんね。

私は、警察批判していると思われるかもしれませんが、それ以上に私が疑問に感じて許せないのは、最近のテレビの報道です。この報道のあり方、容疑者は犯人ではないとか、視聴率稼ぎになっているとか、わかっていながら、でも現場では、そうは言っても…という狭間にいる。

だから、取材に来る人たち、電話をしてくる記者なんかでも、もう必死なんですよ。取材も横並びじゃなくて、だから彼らも彼らで夜討ち朝駆けをする。先日も電話してきた子なんか、新米記者のペイペイで、某新聞社の和歌山市局のパシリみたいな人ですけど、「逮捕日からずっと私、田辺警察署の駐車場で出待ちしているんです」と言っていましたよ。張っとけ、なんかあったらすぐに取材しろ、と言われているそうです。だからこの犯罪報道、「犯罪報道の犯罪」で冤罪に結びついた件とか、有罪だったとしても、起訴猶予とか、あるいは執行猶予でしょんべん刑で終わったようなケースを書いてるんですけども、この事件で容疑者の時点で実名報道がこの時点で許されるのかどうかなんですよ。

——野崎さんがお亡くなりになった時点で実名報道されていましたよね。

これをやっぱり今の若い記者でも出てくるというか、現場を走り回っているような人が、疑問に感じないかなと思ったりしすね。今回の事件で、またこのことがクローズアップされたような気がします。

裁判の傍聴を全部したらわかりますよね。例えば、記者は、被告人の認否の最初だけを聞いたらダーッと一斉に傍聴席を立つんですよ。残って裁判を見ている記者はいない。

でも、夕刊、見たらあたかも全部傍聴していたかのような記事になっている。だから聞いてないんですよ。被告人質問ですら、全部は聴いていないんです。それでも、もっともらしく書いてて、知らない人は記者が全部聞いててピックアップしたろうと思いますよ。

印象操作されていると思いますね。

早貴さんが自白するのかどうか？　どういう報道がなされるのか？　人権が保障される報道を期待しますけど…。

私のベースには、基本的人権は守られるべきという考えがあるんですよ。

だから、世の中からバッシングを受けても、北朝鮮の日本人妻の支援[21]をしているんですよ。

日本人妻は朝鮮にまだまだ暮らしています。こうした人達を少しでも支援したい、また、日本人妻のほか、遺骨問題や残留日本人問題など、日朝間には解決可能な問題があり、こうした問題は政府間でなく、民間でも取り組めるとの思いから、「日本・朝鮮－未来への扉－」という団体を立ち上げたんです。人権や社会的に弱い立場の人を支援したいんですよ。

21　北朝鮮の日本人妻の支援　沖見氏は「日本・朝鮮－未来への扉－」と団体の代表をしている。朝鮮には現在も、在日朝鮮人の帰国事業（1959年～）により、朝鮮人配偶者と一緒に朝鮮に渡った日本人（日本人妻）や、戦争の混乱で朝鮮にとどまらざるを得なかった日本人（朝鮮残留日本人）が暮らしている。このような在朝日本人の方々に、生活用品等の物資の支援を行いながら、彼らと日本に在住する親族とが、相互連絡できるように現在も支援している。

第4章

そして、被疑者は被告人となった…

公判を維持できるのか、被告人は有罪になるのか？

◆起訴、そして再逮捕

予想通り、和歌山地検は19日、殺人と覚醒剤取締法違反（使用）の罪で、元妻の須藤早貴さんを起訴した。起訴状では、「18年5月24日、殺意を持って何らかの方法で致死量の覚せい剤を野崎さんに摂取させ、殺害した」としている。

予想通り、容疑を否認した後は完全黙秘をしたとのことである。

「何らかの方法で」というのがすごい。これを立証しないまま、裁判を続けるつもりなのだろうか？

早貴さんは野崎さんに覚せい剤を飲ませたとする直接的な証拠はないが、地検は、野崎さんが覚せい剤を摂取したとされる時間帯に2人きりだったことや、事件前に早貴容疑者が覚せい剤の密売人と接触していたことを重視し、こうした状況証拠を積み重ねることで、公判での立証が可能と判断したとみられる。

さらに、和歌山県警は同日、別の詐欺容疑で再逮捕もした。再逮捕容疑は15年12月、札幌市の男性（67）に「女性にけがをさせ、慰謝料と休業補償金を請求されている」とうそを言い、16年1月28日に現金約１１７０万円を自分の預金口座に振り込ませ、だまし取った疑いで、早貴さんは詐欺容疑にも黙秘しているようである。
記事は、どの報道もほとんど同じで、警察発表をそのまま記事にしたような記事である。まずは、毎日、朝日、読売、東京の各紙を紹介しよう。

元妻を殺人罪で起訴

「ドン・ファン」事件　法廷攻防へ

和歌山地検

和歌山県田辺市で2018年、「紀州のドン・ファン」と呼ばれた資産家、野崎幸助さん（当時77歳）が急死した事件で、和歌山地検は19日、覚醒剤を飲ませて殺害したとして、元妻の須藤早貴容疑者(25)を殺人と覚醒剤取締法違反(使用)の両罪で起訴した。目撃証言などの直接証拠がない中、地検はスマートフォンの検索履歴など、状況証拠の積み重ねで立証できると判断した模様だ。

起訴内容は18年5月24日、同市の野崎さん宅で致死量を上回る覚醒剤を投与し、急性覚醒剤中毒で死亡させたとされる。地検は認否を明らかにしていない。関係者によると、事件について黙秘しているという。

捜査関係者によると、須藤被告のスマートフォンには覚醒剤の入手や殺害方法を検索した記録の他、密売人と接触した形跡も残っていた。地検は須藤被告が密売人から覚醒剤を入手し、殺害に使ったとみている。

野崎さんが覚醒剤を飲まされたとみられる時間帯は家政婦が外出し、外部から第三者が侵入した形跡もなかった。地検は「須藤被告の他に覚醒剤を摂取させる機会のある人はいなかった」として殺害を立証するとみられる。【山口智、木村綾、橋本陵汰】

地検「証拠集まった」

事件の3カ月前に結婚し、その直後から関係が悪化していたという野崎さんと須藤被告。須藤被告は黙秘を続けているとされ、詳しい殺害方法や動機は不明のままだ。目撃者もおらず、法廷では激しい攻防が予想される。

和歌山地検はこの日午後4時半から、報道各社の取材に応じた。起訴に至った理由を問われると、幹部は「殺人で起訴できる証拠が集まった」と即答し、公判への自信を見せた。ただ、覚醒剤の投与方法などについては「証拠に関わるので回答は差し控える」として明らかにしなかった。

野崎さんは2018年5

て死亡しているのを、また った須藤被告と家政婦の女性が発見した。死亡推定時刻は午後9時ごろ。血液や胃の内容物から多量の覚醒剤成分が検出された。

野崎さんはその数時間前に覚醒剤を飲まされたとみられ、県警は家政婦が外出して須藤被告と2人きりだった夕食時間帯に事件が起きたとみている。覚醒剤混入の目撃者はいない。

県警は野崎さんの遺体のほか、台所の床と掃除機から微量の覚醒剤を検出したが、昭和大薬学部の沼澤聡

証明はほぼ不可能だ」と指摘する。

県警が重視したのがデジタル捜査だ。須藤被告のスマホを解析し、覚醒剤や殺害方法の検索履歴を確認。覚醒剤の密売人と同じ時間、同じ場所にいたことを示す位置情報も突き止めた。事件前、野崎さんから離婚話を切り出されていたことにも着目。野崎さんには

があった。地検は2人の関係悪化や巨額の遺産が動機にあるとみている模様だ。

近畿大の辻本典央教授（刑事訴訟法）は「離婚話が出て動機が生じた頃に（殺害方法などを）検索していたとなると、殺意の裏付けになる。検索の頻度や閲覧したサイトの種類によっては計画性が立証できる」と話す。

乏しい場合、難しい事件になるだろう」と慎重な見方だ。須藤被告が密売人から覚醒剤を入手したことが立証できても、それを野崎さんに飲ませたことには直結しないからだ。「覚醒剤をどのように摂取させたのかを示す証拠を出し、殺害をどこまで証明できるかが重要となる」と話す。【山口智、橋本陵汰】

野崎幸助さん宅の台所。床から微量の覚醒剤が検出されたとされる＝知人提供

元妻を殺人罪で起訴

資産家事件　覚醒剤取締法違反も

和歌山県田辺市の資産家、野崎幸助さん（当時77）が2018年5月に急性覚醒剤中毒で死亡した事件で、和歌山地検は19日、元妻の須藤早貴《さき》容疑者(25)を殺人と覚醒剤取締法違反(使用)の罪で和歌山地裁に起訴した。認否は明らかにしていないが、関係者によると黙秘しているという。

起訴状によると、須藤容疑者は18年5月24日夜、何らかの手段で野崎さんに致死量の覚醒剤を口から摂取させ、死亡させたとされる。

野崎さんは自宅の寝室で倒れているのが見つかり、死亡が確認された。死因は急性覚醒剤中毒だった。遺体に注射痕はなく、県警は覚醒剤を口から摂取させられたとみて捜査してきた。

県警は、野崎さんが死亡した日の午後、家事手伝いの女性が夕食を作って外出した後は4時間ほど、須藤容疑者と2人きりだったとみている。ほかに覚醒剤を飲ませることができた人はいないと判断し、今年4月28日に須藤容疑者を殺人などの容疑で逮捕した。

県警は任意提出を受けた須藤容疑者のスマートフォンの解析から、須藤容疑者が田辺市で覚醒剤密売人グループと接触したことも把握した、としている。

和歌山県警は19日、須藤容疑者を詐欺容疑で再逮捕した。「知人女性にけがをさせて慰謝料などを求められている」とうそを言い、札幌市の男性(67)から16年1月に約1170万円を須藤容疑者の口座に振り込ませた疑いがもたれている。

各紙とも早貴さんの顔写真や逮捕時の写真を入れた記事にはなっていない。3社がいわゆる文字だけのベタ記事である。当初の事件の話題性、逮捕時の報道と比べると、慎重な報道になっていると感じる。

資産家殺害 元妻を起訴

ドン・ファン事件

和歌山県田辺市の資産家で「紀州のドン・ファン」と呼ばれた会社経営者野崎幸助さん(当時77歳)が急性覚醒剤中毒で死亡した事件で、和歌山地検は19日、元妻の須藤早貴容疑者(25)を殺人罪と覚醒剤取締法違反(使用)で起訴した。野崎さんに覚醒剤を飲ませた方法など未解明な点も残るが、地検は「殺害を立証できる証拠が集まった」としている。

起訴状によると、須藤容疑者は2018年5月24日、田辺市内の野崎さん宅で、何らかの方法で野崎さんに致死量を超える覚醒剤を飲ませて殺害したとされる。地検は須藤容疑者の認否を明らかにしていない。関係者によると、逮捕時は容疑を否認し、その後は黙秘しているという。

捜査関係者によると、須藤容疑者が野崎さんに覚醒剤を飲ませたとする目撃証言や映像などの直接的な証拠はなく、覚醒剤を摂取させた方法なども特定できていないという。しかし、須藤容疑者のスマートフォンの解析結果などを基に、地検は▽野崎さんが覚醒剤を摂取したとされる時間帯に2人きりだった▽事件前に覚醒剤の密売人と接触していた▽死別すれば遺産の半分を受け取る権利があった――などの状況証拠を集め、須藤容疑者以外に野崎さんを殺害できた人物はいないと判断。起訴に踏み切った。

否認した後、完全黙秘を貫いていけたことを想像するに、優秀な弁護士がすでについていると思われる。残念なのは、弁護人のコメントがなかった点である。弁護人がノーコメントであったとしたら、「弁護人がノーコメントであった」と記載すべきだし、弁護人が何回、どれくらいの時間、接見に来たのかを記載すべきではないか。そうすると、客観的な報道に近づく。

殺人罪で元妻起訴

和歌山資産家死亡 関与を否認

詐欺容疑 再逮捕

「紀州のドン・ファン」と呼ばれた和歌山県田辺市の資産家野崎幸助さん＝当時(77)＝が二〇一八年に急性覚醒剤中毒で死亡した事件で、和歌山地検は十九日、殺人と覚醒剤取締法違反（使用）の罪で、元妻の須藤早貴容疑者(25)＝東京都品川区＝を起訴した。県警は同日、別の詐欺容疑で再逮捕した。

関係者によると、須藤被告は野崎さん殺害を否認した後、黙秘している。今後は裁判員裁判で審理され、覚醒剤を摂取させて殺害したとみる検察側と、全面的に争う展開が見込まれる。

起訴状によると一八年五月二十四日、殺意を持って何らかの方法で致死量の覚醒剤を野崎さんに摂取させ、殺害したとしている。

県警は先月二十八日、須藤被告を逮捕。直接的な証拠が乏しい中、地検は複数の状況証拠で立証可能と判断したとみられる。

再逮捕容疑は一五年十二月、札幌市の男性(67)に「女性にけがをさせ、慰謝料と休業補償金を請求されている」とうそを言い、一六年一月二十八日に現金約千百七十万円を自分の預金口座に振り込ませ、だまし取ったとされる。詐欺容疑にも黙秘している。

今回の記事には、いわゆる識者のコメントがなかった。時間的な余裕がなかったわけではない。今後のコメントが楽しみである。

◆結論は決まっている？

有罪率99．6％の現状である。「結論は決まっているのに、どうせ有罪だ」との声が聞こえてくる。

須藤早貴さんと野崎さんとの関係の最も基礎的な事実関係をはじめから全部切り捨てて、「覚せい剤による殺人事件」「遺産目当ての殺人事件」と決めつけ、そういう捜査しか行わなかったのではないだろうか？　一般的なプロポーズや結婚とは逸脱した、ある意味特殊な関係であったことが前提とされていないのである。

月100万円の支払いという結婚の条件や、夫婦間で持ち上がっていたという離婚話、13億円にも上る資産があったことなどと、覚せい剤の売人と連絡をとっていたことなどと、覚せい剤を飲ませたことは、無関係なのである。

私は、「世間がどう言おうが、早貴被告人が無罪判決を求める権利があることをみんなが認めないと、きちんとした裁判にはならない」と声に大にして言いたい。

◆この裁判の基本問題

この事件・裁判とは、いったい何を問うものだろうか？話は単純である。マスコミの話題になった、資産家の55歳の年の差のある新妻である早貴被告人が、

・覚せい剤を野崎さんに経口投与させたのか？

・させたとしたら、どのようにさせたのか？

が焦点である。

世俗的な世界では私たちのように、刑事上の責任と夫婦上の責任を分けて考え、社会の安定を図ろうとする者たちがいる。しかし、妻としての責任と刑事上の責任とは、無関係なのである。

マスコミは、恐らく警察官も検察官も、「一般的なプロポーズや結婚とは逸脱したある意味特殊な関係であった」前提を意識的にか無意識的にかは別として、一切無視し、早貴被告が契約愛人契約のような結婚であった事実を切り捨てたのではないだろうか？

◆検察官の主張は、前提を切り捨てた

起訴状によると、須藤容疑者は2018年5月24日、殺意を持って野崎さんに致死量の覚せい剤を摂取させ、急性覚せい剤中毒により殺害したとされる。

それを考えるために、まず、検察の主張を見てみよう。

・捜査関係者によると、スマートフォンの解析などから、病死に見せ掛けて殺害する方法や覚せい剤についてインターネットで検索していた。
・覚せい剤の密売人とみられる人物と同じ時間帯に田辺市内の同じ場所にいた。
・推定される覚せい剤摂取の時間帯に第三者の出入りがなく、夕食前後の約4時間、2人きりだった。

「なるほど、やっぱりそうか…」とうなづくかもしれない。なぜなら、マスコミは、早貴被告人をそう描き、そうした情報を流し続けてきたからである。

私はここで、これらの点は証拠に基づかない検察官の起訴であると考える。この裁判の要因となる、野崎氏と早貴さんの人物像、二人のある意味特殊な関係という

前提を欠き、検察官主張の「推論」はもともと土台が成り立っていないのである。

◆野崎さん、早貴さんの魅力

別に野崎氏や早貴さんを「立派な人間だ」というつもりはない。報道や書籍や取材から見えてきた二人の特徴はどんなものだと考えたか。

野崎氏
（1）お金を持っている
（2）セックス、女好きを豪語している。
（3）女性に多額の金を払う

早貴さん
（1）美人
（2）野崎さん好みのタイプ
（3）お金の関係と割り切っている

ではないだろうか?

結局、どうみても、早貴被告人は、妻という立場であったというだけで、逮捕されたことになるのではないか、と私には見えてしまう。愛人であれば、遺産が入る存在でなければ、起訴されなかったのではないか？

ただ、はっきりさせておきたいことがある。それは、早貴被告人が裁判でどう語ろうと、どう沈黙しようと、彼女が責められる必要はないという大原則である。ちまたには、「早貴被告人が黙っているのでは、事件の真相がわからない」という人がいる。だが、これは間違った議論である。被告人には、沈黙する権利があり、理由は問われない。

被告人が沈黙を守ろうが、裁判を拒否しようと、検察官は100%公訴事実を立証する義務と責任を背負っている。この義務を果たせず起訴し、更には裁判をしたとしたら、何のための捜査だったのか。

それは、警察・検察が野崎氏のこれまでの女性関係と早貴さんのこれまでの表にでない仕事と、二人の経過、愛人結婚関係など、本来前提とすべき基礎的な事実を切り捨て、事件の筋書きを捏造した可能性はないのかを、マスコミは裁判を通して、監視すべきである。

ただ、いわゆる高級女性紹介倶楽部の実態が表に出ると困る、政治家、医師、弁護士、会社経営者、俳優などもいるのも、現実である。早貴さんがそれを話すのか、検察がそこまで、追求するとは考えにくい。それこそ、マスコミが追求する所なのだが…。忖度か、圧力がかかっていると推測している。表に出てはいけない存在なのである。

私は、本件捜査と起訴における警察と検察を批判しているが、「しっかりとまともな捜査・起訴をしてください」と言いたいだけなのである。

◆和歌山カレー事件との比較

ここで、日刊SPA（2021/05/08 08:54）「紀州のドン・ファン殺人事件。地元記者が言及する冤罪の可能性」の記事を紹介する。

まず、「●週刊新潮の早刷りを見て逮捕に踏み切った⁉」との見出しである。元妻である須藤早貴容疑者が逮捕され、事態は急変したが、地元で事件当初から取材を続けている記者はこの逮捕について、呆れ顔だそうだ。

「逮捕しようと思えば3年前にできたはずなのに、何を今さらという感じです。早貴容疑者がドバイへ高飛びするという情報を掴んで、それを阻止しようとして逮捕に踏み切ったと噂されていますが、関係者に聞くとどうやら違うらしい。

高飛びの話は既に週刊誌が随分前に取り上げていて、今に出てきたネタじゃない。実は逮捕の10日ほど前から和歌山県警の捜査官が都内に入り内偵を進めていたそうなんです。それが新潮にバレてしまい、早刷りの週刊新潮を読んだ捜査関係者が焦って逮捕に至ったというんです」

この記事は、沖見氏の話とも一致する。さらに、「●和歌山カレー事件と同じ手法で逮捕」の見出しである。

「殺人で早貴容疑者を引っ張ったと聞いて、関西の記者達は驚いています。県警の発表をまとめると状況証拠を固めて逮捕に至っており、決定的な証拠は今はまだ出ていません。この状況証拠を積み重ねて逮捕という手法は、そう、和歌山カレー事件と同じ手法なんです。

逮捕の情報が流れたので我々も『これは決定打が出たのか？』と盛り上がったんですが、蓋を開けてみたら20年以上も前と同じことをしている。正直呆れましたよ」

和歌山カレー事件の裁判を取材している私から見ても、同じ意見である。さらに、東京の週刊誌記者も和歌山県警には呆れ顔だそうだ。

とにかく初動捜査が酷かった。現場は誰でも入れる状況で、規制もろくにされていなかった。台所からシャブが出たと意気揚々と発表していますが、あれだけ誰でも入れる状況だったわけだし、誰かがシャブをワザと落としたと言い張られたらおしまい。

これもよくある話である。さらに、沖見氏が家政婦さんから聞いた、初動捜査の様子から見ると、まさに初動捜査がなっていない。まさに、後日現場から出た証拠品に果たして証拠能力はどれほどあるのだろうか。しかし、これも裁判を傍聴したマスコミが報道しなければ、狭山事件や和歌山カレー事件と同じようになってしまう可能性もある。

そして、「●和歌山カレー事件の再来となるか」の見出しである。

「和歌山県警の証拠調べがぬるいっていうのは、体質的なものなんですよ。状況証拠を重ねて逮捕、起訴なんて大昔の手法が果たして裁判員裁判で受け入れられるのかと、記者たちの間では噂が持ちきりです。殺害に使われたシャブにしても、早貴容疑者が『2人で使っていて、使用する量を間違えた』と言い張られたら、どう切り返すのか。

和歌山カレー事件の時だって、決定的な証拠は何一つないんですよ。だからあの事件については、未だに冤罪だという地元の記者は多いんです。仮にやっていたとしても、証拠がめくれない限りは警察の負け。状況証拠だけで死刑に持ち込めた〝旨味〟を和歌山県警は忘れられなかったんでしょう」

裁判員裁判で、状況証拠だけで、有罪に持って行けるのだろうか？　見方をかえれば、一般市民からすれば、野崎さんの女性関係だって、同情されるような女性関係の生き方をした人ではない。

最後に「◆和歌山県警に隠し球があるのか？」の見出しである。

「殺人でパクったということは、ひょっとしたらまだ出していない〝隠し球〟があるのかもしれない。共犯者の供述なのか、シャブを売った売人の自供なのか……。とにもかくにも今のままでは公判維持どころか起訴も危うい和歌山県警の次に一手に記者たちは注目しています」

共犯者の供述があるなら、もう落ち（自白）ているのではないだろうか？シャブを売った売人の自供なら、その人間を逮捕しているのか？　さらには、買ったことと飲ませたことは別である。

ただ、沖見さんは、隠し玉は想像できないという。

和歌山県警は状況証拠を積み重ね、「消去法」で殺害が可能な人物を絞り込んだのであろう。だが自白がないようなので、まともな裁判であれば、有罪立証のハードルが高いと思う。

だから、悪性格立証をしたいのか、詐欺罪で再逮捕している。

◆捜査の三段階制度

日本の捜査については、問題点がある。

捜査の常道では，被害者の身辺を徹底的に洗うことが捜査の常道といわれている。和歌山カレー事件では、それがなされていない。今回の事件では、野崎さんの身辺を徹底的に捜査がされているのだろうか？　などの疑問が出てくる。

ここで、諸外国の捜査制度と日本の捜査制度を見てみよう。


世界の多くの国では，捜査システムが法律で基準が定められ公開され，各自がそれを知ることができるシステムになっている。それが冤罪を阻止し、民主主義化の最大の制度であろう。

世界の多くの国は「捜査は三段階制度」を採っている。捜査を（1）初動捜査、例えば指紋、足跡等現場保存（2）本格捜査、例えば捜査線（犯罪の手口，物件移動経路）等（3）取調べの三段階に分ける。そして、各段階に異なる捜査官を配置する。それだけではなく各段階ですべき要件を厳重に法律で定めている。

このことは初動捜査を手抜きし、あるいはほどほどの初動捜査をして、ある一定の見込み捜査により直ちに本格捜査に入るといって、いわゆる見込み捜査を防止することに，絶対的な防止の効果がある。

初動捜査で犯人が関与した事実が多々あるのに本格捜査でそれを追及しないといった、本格捜査の怠慢も防止される。しかし初動捜査が不十分で、これでは本格捜査が出来ないといった、初動捜査の怠慢防止にも役立つ。

そして，現実の捜査で成し得たこと、成し得なかったこと、以上を記録化し、捜査後公表に応じる。そうすると何が問題で、どこが不十分であったか等々が明らかになり、犯罪の原因が明らかになる。

そして、これらすべてのことが事後的に国民の請求に応じて、国民に公開されるシステムになっている。

ところが、日本では三段階制度は採らず、鑑識と捜査を大きく二分されており、一貫して同じ捜査官（捜査班）が三段階を担当し、初動捜査，本格捜査は何よりもAが犯人らしいという、Aの発見に重点が置かれ、早々にAを逮捕して取調べ、自白を得て、その後裏付け証拠を得る。日本の捜査構造では、自白を得ることに重点があり、動、本格各捜査に独自の意義は乏しい、ということになる。

何よりも「捜査の秘密」の名の元に、捜査の基準が事前に明示されることは無く、捜査内容は事前は元より、事後においても国民に公開されない。

このような捜査構造のため，捜査のやり方は，柔軟で初動捜査をほどほどにして本格捜査、取調べに進むことが出来るし、記録化もされていないので、逆に言えば、捜査を公開することも出来ない。

何よりも問題は、捜査に関する規制が無いことから、捜査機関により、犯人が犯罪行為及び双方のデッチ上げが容易であることである。

このような捜査がよって立つべき準則の法律である捜査規範を持たず、その上、事後的にも捜査の公開が為されない日本の社会は、これでも法治国家であるのかと、法治国家性を嘆く声もある。

国民の看視が無ければ、捜査機関自らによって、犯人や犯罪あるいは双方のデッチ上げが行われる可能性があるのが捜査である。これを防止するためには、まず第一に、法律により、捜査の準則を定めること、そして第二として、捜査を事後的にでも国民に公開し、捜査の看視を国民に委ねる以外に、捜査機関自らによる犯人や犯罪及び双方のデッチ上げを防ぐ方法は無いと思うのである。

初動捜査，本格捜査，取調べの三段階はほぼ公知の事実である。その三段階を確定して明記し，各段階ごとに各責任者を振り分け担当するできである。捜査員は担当する自己の段階に責任をもって担当する。初動捜査，本格捜査，取調べの各段階が明確化され，その段階ですべきことが明定されていると，捜査機関による怠慢や不正，捜査機関による犯人や犯罪のデッチ上げは極めて起こりにくくなる。

現行の規則は，捜査の段階を明記したりはしておらず，各段階の責任者を明記することなどは全くない。そして、各捜査段階のすべきことをしたのか否か。なぜできなかったのか。それ以外にも捜査でしたこと、しようとして出来なかったこと、及びその理由を具体的に詳細に記録化する。捜査情報公開のための必須の前提要件である。

そして、捜査が適法、適性合理的に行われたか否か、国民は看視する権利があるのであるから、捜査本部が設けられたときは捜査本部長、その他の場合は、警察署長は捜査に関して、国民の質問に応じる義務があることを法定すべきである。

しかし、現行規則は、捜査の公開を定めた規定はない。国民の捜査公開を求める権利に触れた規定も無い。

「和歌山カレー事件」の捜査は、まさに、これらを逸脱した捜査であった。同じ和歌山県警のこの事件が、同じ捜査手法でないことを祈るばかりである。

◆事件報道はどうあるべきなのか

第2章の「◆裁判官の頭の中」でロス疑惑殴打事件の東京高裁裁判長が「日本中が有罪と信じているこの事件で、どうして裁判所だけが無罪を言い渡せるのか。」（判例時報No.2261（判例時報社）19頁注（23））真顔で発言していたという記事を紹介した。

ロス疑惑事件では、「疑惑の銃弾」と題した連載が週刊文春に掲載されたことで騒然となり、三浦和義氏は悲劇を演ずる悪人だ、という世論が作られた。世論はついには、「警察はなぜ三浦を逮捕しないのだ」という市民感情にまで達したのだった。三浦氏がアメリカの拘置所で自殺してしまったので、真相は闇の中になってしまったが、ロス疑惑事件の判決の中で、裁判長はマスコミ報道の影響について「二本件の事実認定に関連して一言付言しておくこととする。」として、

「本件は、ロス疑惑銃撃事件として、激しい報道合戦が繰り広げられたいきさつのある事件である。マスコミの調査報道が先行して事件を掘り起こし、これが引き金になって警察の捜査に発展した経過があったことと、事件の謎めいた内容や、犯人と疑われたXの言動の特異さ等が加わって、格別世間の注目をひいた。週刊誌や芸能誌、テレビのワイドショーなどを中心として激しい報道が繰り返されたが、こうした場面では、報道する側において、報道の根拠としている証拠が、反対尋問の批判に耐えて高い証明力を保持し続けることができるだけの確かさを持っているかどうかの検討が十分でないまま、総じて嫌疑をかける側に回る傾向を避け難い。」

「ところで、証拠調べの結果が右のとおり微妙であっても、報道に接した者が最初に抱いた印象は簡単に消えるものではない。それどころか、最初に抱いた印象を

基準にして判断し、逆に公判廷で明らかにされた方が間違っているのではないかとの不信感を持つ者がいないとも限らない。そうした誤解や不信を避けるためには、まず公判廷での批判に耐えた確かな証拠によってはっきりした事実と、報道はされたが遂に証拠の裏付けがなく、いわば憶測でしかなかった事実とを区別して判示し、その結果、証拠に基づいた事実関係の見直しを可能にすることの重要性が痛感される。」

と説示している。

このように特定の人物が実名で、犯人であるかのごとく報道されれば、冤罪であった場合に、冤罪被害者に極めて不利な状況が社会的に造られてしまうのである。過剰な報道により、犯人視する世論が形成されれば、裁判官でさえも、それに大いに影響を受けるのである。

重大事件、凶悪事件で特にみられるのが、捜査機関から得た情報をそのまま報道し、被疑者を犯人視する報道を先行して行い、自分が裁いてやる！と勘違いしているのか、社会的制裁を司法よりも先に下してしまうことである。

ほんの一握りのテレビ番組では独自取材により、徹底した冤罪の検証をしているものもある。冤罪が起きた時に、徹底的にその原因を追究し、冤罪加害者がどのようにして冤罪加害をしたのかを検証することで冤罪の再発防止に貢献できる。

報道機関の役割は、事実の報道を通して、国民の知る権利に奉仕することである。このことは権力の監視にもつながるのである。人権を守るのであれば、「疑わしきは被告人の利益に」の大原則が貫かれる必要がある。

最後にもう一度言いたい。お二人の結婚の意味や、野崎さんの女性に対する金銭感覚、早貴さんが野崎さんから受け取る金銭感覚は、一般の結婚とは、感覚が異なるのである。それを自分たちの感覚や常識に当てはめると、真実が見えなくなるのである。

あとがき

現在のマスコミのスタンスの問題点は、
（1）「逮捕された被疑者イコール犯人として捜査側の見解を確定した事実であるかのように伝える報道は、「無罪推定の法理」、すなわち、「有罪の立証があるまでの無罪と推定される」に反した私刑となっている。
（2）「書かれた側」に対して、司法による刑罰に先行し刑罰の範囲を超えた社会的制裁を加え、本人と家族のプライバシーを侵害し、裁判への予断を与えるなどの不利益をもたらすことなどによって、社会生活、家庭生活の破壊、社会復帰の妨害など取り返しのつかない被害を生み出している。
（3）「書く側」と「読む側」にとっては、「犯人名」割り出し競争など取材エネルギーと紙面を浪費し、ジャーナリズム本来の目的である権力のチェック機能を衰退させる。

マスコミの使命というのは、公正な報道による公正な社会の実現、あるいは権力の監視、批判の実践、こういうことが言われているが、今のマスコミが本当に正常に機能しているのかどうか考えたとき、私は機能していないと感じる。

例えば、誤報と分かったとき、例えば無罪になった時、マスコミ各社、警察、地域住民は何をすべきかと言えば、その事実の大々的な報道であり、謝罪であり、そして、逮捕・起訴の問題点の検証をすべきである。

マスコミは、自分たちが出している情報という商品を、不良品を出さないようにきちっとふるうシステム、工業製品だったら、品質管理部があって、何十項目もチェックしながら世の中に不良品を出さないようにする。その部分はマスコミは甘いと思う。マスコミはそういう不良品を出さないシステムというものをつくりあげること。良品か不良品かという、その線引きもできていない。

本書では、私なりの検証をしてみた。記者が何人もいて、それも組織的に行っているマスコミであれば、数日、いや一日でできることもたくさんある。

昨今は、誰かが火をつけて、マスコミがその流れを示すと、一斉に動きが始まる。そんな中で、「ちょっと待てよ、ちょっと考えてみよう」と思っている人々も、いないわけではない。

人間の脳の特徴として、「確証バイアス」というものがある。これは、認知心理学や社会心理学における用語で、仮説や信念を検証する際に、それを支持する情報ばかりを集め、反証する情報を無視または集めようとしない傾向のことである。要は、誰でも、有罪だと思えば、有罪になるような情報をばかりを集め、被告人に有利な情報を見逃すということである。逆に言えば、無罪だと思えば、有罪の証拠を見逃すという事である。

その特徴を警察も、マスコミも、我々も知っておくべきなのである。だから、あえて逆の視点で見る必要があるのである。裁判は、犯人を裁いているのではない、検察の立証を裁いているのである。検察の立証が充分であれば有罪で、不十分であれば、無罪なのである。

この事件、真相は「藪の中」である。誰が犯人か、死因は何か、事故か事件か、分からない。今後の裁判を興味をもって、見ていくつもりである。

最後に、本書は、沖見泰一氏の情報があってこそ、成立するものである。取材に協力して下さった沖見泰一氏に心より、感謝いたします。
本書が一人でも多くの方に読まれることを願い、須藤早貴さんが公正な裁判を受け、マスコミが基本的な人権を保障するような報道をすることを祈っております。

二〇二一年五月三一日

釣部　人裕

参考文献

『犯罪報道の犯罪』（講談社文庫　浅野健一 著）
『新版　松本サリン事件　報道と罪の罰』（新風舎文庫　河野義行・浅野健一 著）
『紀州のドン・ファン殺害「真犯人」の正体』（講談社α文庫　吉田隆 著）
『麻原を死刑ににして、それで済むのか？
本当のことが知らせれていないアナタへ』（三五館　渡辺脩 著）
「求ム！正義の弁護士」（シェア書房　釣部人裕 著）
「警察管理国家」（万代宝書房　釣部人裕 著）

釣部 人裕 Hitohiro Tsuribe

【著者プロフィール】

釣部人裕（つりべ　ひとひろ）

ジャーナリスト、ノンフィクション作家、小説家。
1961年、北海道札幌市生まれ。元高校教師。

「冤罪は突然やってくる！今知りたい日本の司法の現実に迫る」
というインターネット番組をYouTubuにて配信中。

（一社）関東再審弁護団連絡会　代表理事
万代宝書房合同会社　代表社員

～40年来の友人 沖見泰一氏が語る！

紀州のドン・ファンは死んだのか？
それとも殺されたのか？

2021年5月31日　第1刷発行

著　者　釣部 人裕
編　集　万代宝書房
発行者　釣部 人裕

発行所 万代宝書房　東京都練馬区桜台1-6-9-102　〒176-0002
電話:080-3916-9383　FAX:03-6914-5474
URL：http://bandaiho.com/　E-Mail：info@bandaiho.com

印刷・製本　日藤印刷株式会社

落丁本・乱丁本は小社でお取替え致します。
 ISBN 978-4-910064-45 -1 C0036

装丁・デザイン／ＬＵＮＥ企画　小林由香

万代宝書房について

　みなさんのお仕事・志など、未常識だけど世の中にとって良いもの（こと）はたくさんあります。社会に広く知られるべきことはたくさんあります。社会に残さなくてはいけない思い・実績があります！　それを出版という形で国会図書館に残します！

　「万代宝書房」は、
「『人生は宝』、その宝を『人類の宝』まで高め、歴史に残しませんか？」
をキャッチにジャーナリスト釣部人裕が二〇一九年七月に設立した出版社です。

「実語教」（平安時代末期から明治初期にかけて普及していた庶民のための教訓を中心とした初等教科書。江戸時代には寺子屋で使われていたそうです）という千年もの間、読み継がれた道徳の教科書に『富は一生の宝、知恵は万代の宝』という節があり、
「お金はその人の一生を豊かにするだけだが、知恵は何世代にも引き継がれ多くの人の共通の宝となる」いう意味からいただきました。

　誕生間がない若い出版社ですので、Amazonと自社サイトでの販売を基本としています。多くの読者と著者の共感をと支援を心よりお願いいたします。

　二〇一九年七月八日

万代宝書房